ॐ

VISHNU SAHASRANAMA RECITATION

Read Aloud Pocketbook

Ashwini Kumar Aggarwal
edited by
SADHVI HEMSWAROOPA

जय गुरुदेव

ISBN13: 978-93-92201-61-5 Paperback Edition
ISBN13: 978-93-92201-69-1 Hardbound Edition
ISBN13: 978-93-92201-77-6 Digital Edition

Title: **Vishnu Sahasranama Recitation**
Author: **Ashwini Kumar Aggarwal**

Printed and Published by
Devotees of Sri Sri Ravi Shankar Ashram
34 Sunny Enclave, Devigarh Road,
Patiala 147001, Punjab, India

https://advaita56.weebly.com/
The Art of Living Centre

31st July 2020 (On this day - 1786 "Poems" by Robert Burns published, 1971 Apollo 15 astronauts take electric car ride on Moon). Vikram Samvat 2077 Pramathi, Saka Era 1942 Sharvari

1st Edition July 2020

जय गुरुदेव

Dedication

Gurudev Sri Sri Ravi Shankar

An offering at His Lotus feet

Blessing

It is said in Vishnu Sahasranamam -
"Soham ekena shlokena stuta eva na samshayaha",

In one Soham everything has come. One thousand names of Vishnu are written in one word **Ram** and that is also written in **Soham**.

Sri Sri Ravi Shankar

(
śrī bhagavān uvāca

yo māṃ nāma–sahasreṇa stotum icchati pāṇḍava ।

so'ham ekena ślokena stuta eva na saṃśayaḥ ॥ 24 ॥

stuta eva na saṃśaya oṃ nama iti ।
)

Table of Contents

Introduction

Sanskrit words in a sentence coalesce due to conjuncts, sandhi or samasa. Hence written Sanskrit is ***slightly different*** than spoken Sanskrit. As such a teacher is required for one to learn how to chant the Vishnu Sahasranama Stotra.

This book is an effort to enable the layman to know where to emphasize during recitation, and to help perfect a serious student in his pronunciation. It thus bridges the learning curve and makes proper recital an easy and enjoyable task.

<u>Remember, the key is to allow the expression to flow. After a few times, sing freely, allowing your natural rhythm to take over. As you chant confidently, when Devotion seeps into your chanting, know you are already there!</u>

The Mechanics

Notice that this text has been specifically written to be chanted out aloud, i.e. to perfect one's chanting. Proper recitation lends grace and enlivens the aura.

It is a tremendous aid to self-study learners who wish to see each letter clearly and know the exact pauses.

Serious or regular readers can certainly benefit a lot from this book, as many letters missed earlier perforce of habit will be clearly seen, hence correctly enunciated.

Following characters need special attention while chanting

Avagraha ऽ is not to be chanted, i.e. it is a silent letter. It signifies that an अ has been dropped due to sandhi. e.g.

Recite भूतभव्यभवन्नाथः पवनः पावनोऽनलः । Verse 32, as

भूतभव्यभवन्नाथः पवनः पावनोनलः ।

Visarga ः is pronounced variously, a brief mention. A visarga is pronounced aspirated ह followed by the sound of the preceding vowel. Thus ॐ विश्वं विष्णुर्वषट्कारो भूतभव्यभवत् प्रभुः । Verse 1 is to be chanted as ॐ विश्वं विष्णुर्वषट्कारो भूतभव्यभवत् प्रभुहु । Similarly भूतकृद्भूतभृद्भावो भूतात्मा भूतभावनः ॥ १ ॥ is to be chanted as भूतकृद्भूतभृद्भावो भूतात्मा भूतभावनह ॥

This rule is valid only when a visarga is at the end, i.e. a virama is present. This rule also applies when a visarga is followed by a pause, as at a quarter verse.

However, a visarga in close proximity with another letter gets replaced with another letter or even gets dropped. This is reflected in this book by substituting the changed letter.

Visarga when followed by श is pronounced as श् । E.g.

Recite सर्वः शर्वः शिवः स्थाणुर्भूतादिर्निधिरव्ययः । as

सर्वश् शर्वश् शिवः स्थाणुर्भूतादिर्निधिरव्ययः । 4

Visarga when followed by स or त is pronounced as स् ।

अव्ययः पुरुषः साक्षी क्षेत्रज्ञोऽक्षर एव च ॥

अव्ययः पुरुषस् साक्षी क्षेत्रज्ञोऽक्षर एव च ॥ 2

विश्वकर्मा मनुः त्वष्टा स्थविष्ठः स्थविरो ध्रुवः ॥

विश्वकर्मा <u>मनुस्</u> त्वष्टा <u>स्थविष्ठस्</u> स्थविरो ध्रुवः ॥ 6

Visarga when followed by vowel or soft consonant is dropped or changes to ओ as per context. Consider

भूतकृद्भूतभृ<u>द्भावः</u> भूतात्मा भूतभावनः ॥

भूतकृद्भूतभृ<u>द्भावो</u> भूतात्मा भूतभावनः ॥ 1

अग्राह्यः शाश्वतः <u>कृष्णः</u> लोहिताक्षः प्रतर्दनः ।

अग्राह्यः शाश्वतः <u>कृष्णो</u> लोहिताक्षः प्रतर्दनः । 7

Also, a Visarga changes to Repha in certain instances,

अजः सर्वेश्वरः सिद्धः सिद्धिः <u>सर्वादिः</u> अच्युतः ।

अजः सर्वेश्वरः सिद्धः सिद्धिः <u>सर्वादिर्</u>च्युतः । 11

or
gets dropped in other cases.

अव्ययः पुरुषः साक्षी <u>क्षेत्रज्ञोऽक्षरः</u> एव च ॥

अव्ययः पुरुषः साक्षी <u>क्षेत्रज्ञोऽक्षर</u> एव च ॥ 2

Ardha Visarga. Optionally, a visarga ः becomes an ardha visarga, and it's pronunciation is quite faint.

-When the following letter is a क or ख the visarga is enunciated as a short ह ।

-When the following letter is प or फ - the visarga is enunciated as faint फ or ह ।

-But it remains a visarga when the following letter is क्ष (क् ष).

Anusvara ं is pronounced as nasalized म् । However Sandhi grammar rules state that Anusvara changes to a corresponding nasal when followed by a class consonant, *albeit optionally*. Few pandits make the Anusvara sound as ङ् when followed by ग, as ञ् when followed by च ,as न् when followed by त् । In any case it is correct if Anusvara is pronounced as म् always.

To use this book effectively, listen to a chanting keeping the book open and notice the pronunciation. A couple of times listening to a Pandit or an Audio recording is good enough to enable this book to be independently used thereafter.

Section 1 Chanting Using IAST Transliteration

II śrī viṣṇu–sahasranāma–stotram II

atha mahimā I Remembrance

Before chanting the 1000 names we bring to mind the greatness of the Lord.

oṃ śuklām–baradharaṃ viṣṇuṃ śaśi–varṇaṃ catur–bhujam I prasanna–vadanaṃ dhyāyet sarva–vighno–paśāntaye II 1 II

yasya dvirada–vaktrādyāḥ pāriṣadyāḥ paraś śatam I vighnaṃ nighnanti satataṃ viṣvakasenaṃ tamāśraye II2 II

vyāsaṃ vasiṣṭha–naptāraṃ śakteḥ pautram–akalmaṣam I parāśara–ātmajaṃ vande śuka–tātaṃ tapo–nidhim II 3 II vyāsāya viṣṇu–rūpāya vyāsa–rūpāya viṣṇave I namo vai brahma–nidhaye vāsiṣṭhāya namo namaḥ II 4 II avikārāya śuddhāya nityāya paramātmane I sadaika–rūpa–rūpāya viṣṇave sarva–jiṣṇave II 5 II

yasya smaraṇa–mātreṇa janma–saṃsāra–bandhanāt I vi–mucyate namas tasmai viṣṇave prabha–viṣṇave II 6 II oṃ namo viṣṇave prabhaviṣṇave I

Now the initial statements that lay the basis for chanting the 1000 names. The dialogue between King Yudhisthir and Grandsire Bhisma as recorded by the sage Vaishampayana.

vaiśampāyana uvāca Sage Vaishampayana spoke

śrutvā dharmān–aśeṣeṇa pāvanāni ca sarvaśaḥ |

yudhiṣṭhiraś śānta–navaṃ punarevābhya–bhāṣata ||
1 ||

yudhiṣṭhira uvāca King Yudhisthir asked

kimekaṃ daivataṃ loke kiṃ vāpyekaṃ parāyaṇam |
stuvantaḥ kaṃ kamarcantaḥ prāpnu–yurmānavāś
śubham || 2 ||
ko dharmas sarva–dharmāṇāṃ bhavataḥ paramo
mataḥ | kiṃ japan mucyate jantur janma–saṃsāra–
bandhanāt || 3 ||

bhīṣma uvāca The Grandsire Bhisma replied

jagat prabhuṃ deva-devam–anantaṃ puruṣot–
tamam | stuvan nāma–sahasreṇa puruṣas sata–
totthitaḥ || 4 || tameva cārcayan nityaṃ bhaktyā

puruṣam–avyayam I dhyāyan stuvan namas yaṃśca

yaja–mānas tameva ca II 5 II

anādi–nidhanaṃ viṣṇuṃ sarva–loka–maheśvaram I

lokādhyakṣaṃ stuvan nityaṃ sarva–duḥkhātigo

bhavet II 6 II

brahmaṇyaṃ sarva–dharma–jñaṃ lokānāṃ kīrti–

vardhanam I loka–nāthaṃ mahad bhūtaṃ sarva–

bhūta–bhavod–bhavam II 7 II

eṣa me sarva–dharmāṇāṃ dharmo–'dhika–tamo

mataḥ I yad bhaktyā puṇḍarī–kākṣaṃ stavairar–cen

naras sadā II 8 II

paramaṃ yo mahat tejaḥ paramaṃ yo mahat tapaḥ

I paramaṃ yo mahad brahma paramaṃ yaḥ

parāyaṇam II 9 II

pavitrāṇāṃ pavitraṃ yo maṅgalānāṃ ca maṅgalam I

daivataṃ devatānāṃ ca bhūtānāṃ yo–'vyayaḥ pitā

II10 II

yatas sarvāṇi bhūtāni bhavantyādi–yugāgame I

yasmiṃś ca pralayaṃ yānti punareva yuga–kṣaye II

11 II

tasya loka–pradhānasya jagan nāthasya bhūpate I

viṣṇor nāma–sahasraṃ me śṛṇu pāpa–bhayāpaham

II 12 II

yāni nāmāni gauṇāni vikhyātāni mahātmanaḥ I

ṛṣibhir pari–gītāni tāni vakṣyāmi bhūtaye II 13 II

ṛṣir nāmnāṃ sahasra–sya veda–vyāso mahā–muniḥ I
chando–'nuṣṭup tathā devo bhagavān devakī–sutaḥ
II 14 II

amṛtāṃ–śūd–bhavo bījaṃ śaktir devaki–nandanaḥ I

trisāmā hṛdayaṃ tasya śāntyarthe vi–ni–yujyate II

15 II viṣṇuṃ jiṣṇuṃ mahā–viṣṇuṃ prabha–viṣṇuṃ

maheśvaram II aneka–rūpa–daityāntaṃ namāmi

puruṣot–tamam II 16 II

atha pūrva nyāsaḥ I Deity Invocation

Before Beginning, we purify the body parts by invoking deities.

asya śrī-viṣṇor–divya-sahasra–nāma–stotra–mahā–mantrasya I śrī veda–vyāso bhagavān ṛṣiḥ I anuṣṭup chandaḥ I śrī–mahā–viṣṇuḥ paramātmā śrīman nārāyaṇo devatā I amṛtāṃ–śūd–bhavo bhānur iti bījam I devakī–nandanaḥ sraṣṭeti śaktiḥ I udbhavaḥ kṣobhaṇo deva iti paramo mantraḥ I śaṅkha–bhṛn–nandakī cakrīti kīlakam I śārṅga–dhanvā gadādhara iti astram I rathāṅga–pāṇir–

akṣobhya iti netram I tri–sāmā sāmagas sāmeti kavacam I ānandaṃ para–brahmeti yoniḥ I ṛtus sudarśanaḥ kāla iti digbandhaḥ I śrī viśva–rūpa iti dhyānam I śrī mahā–viṣṇu–prītyarthe sahasra–nāma–jape vi–ni–yogaḥ II

atha nyāsaḥ I

oṃ śirasi veda–vyāsa–ṛṣaye namaḥ I mukhe anuṣṭupchandase namaḥ I hṛdi śrī–kṛṣṇa–paramātma–devatāyai namaḥ I guhye amṛtāṃ–śūd–bhavo bhānu–riti bījāya namaḥ I pādayor devakī–nandanas sraṣṭeti śaktaye namaḥ I sarvāṅge śaṅkha–bhṛn–nandakī cakrīti kīlakāya namaḥ I kara–sampūṭe mama śrī–kṛṣṇa–prītyarthe jape viniyogāya namaḥ II iti ṛṣayādi–nyāsaḥ II

atha kara–nyāsaḥ I Hand Purification

oṃ viśvaṃ viṣṇur vaṣaṭkāra iti aṅguṣṭhā–bhyāṃ namaḥ I amṛtāṃśūdbhavo bhānuriti tarjanī–bhyāṃ namaḥ I brahmaṇyo brahma–kṛd brahmeti madhyamā–bhyāṃ namaḥ I suvarṇa–bindur–akṣobhya iti anāmikā–bhyāṃ namaḥ I nimiṣo–

'nimiṣaḥ sragvīti kaniṣṭhikā–bhyāṃ namaḥ ।
rathāṅga–pāṇir–akṣobhya iti kara–tala–kara–pṛṣṭhā–bhyāṃ namaḥ । iti karanyāsaḥ ।

atha ṣaḍ–aṅga–nyāsaḥ । Torso Purification

oṃ viśvaṃ viṣṇur vaṣaṭkāra iti hṛdayāya namaḥ ।

amṛtāṃśūdbhavo bhānuriti śirase svāhā ।

brahmaṇyo brahma–kṛd brahmeti śikhāyai vaṣaṭ ।

suvarṇa–bindur–akṣobhya iti kavacāya hum ।

nimiṣo–'nimiṣas sragvīti netra–trayāya vauṣaṭ ।

rathāṅga–pāṇir–akṣobhya iti astrāya phaṭ । iti ṣaḍaṅganyāsaḥ ॥

atha saṅkalpaḥ । Sankalpa

The Thought or Desire for which we are doing it.

śrī–kṛṣṇa–prītyarthe viṣṇor divya–sahasra–nāma–japam ahaṃ kariṣye iti saṅkalpaḥ ।

dhyānam I Dhyanam

Going Inwards now. A simple means of praising the celestial beings associated with the Stotra and thus motivating regular reading.

kṣīrodanvat pradeśe śuci–maṇi–vilasat saikater mauktikānāṃ mālā–kḷptā–sanasthas sphaṭi–kamaṇi–nibhair mauktikair maṇḍitāṅgaḥ I śubhrair abhrair adabhrair upari–viracitair–mukta–pīyūṣa varṣaiḥ ānandī naḥ punīyādari–nalina–gadā śaṅkha–pāṇir mukundaḥ II 1 II

bhūḥ pādau yasya nābhir viyadasuranilaś candra sūryau ca netre karṇā–vāśāś śiro dyaur mukhamapi dahano yasya vāste–yamabdhiḥ I antaḥsthaṃ yasya viśvaṃ sura–nara–khaga–go–bhogi–gandharva–daityaiḥ citraṃ raṃ–ramyate taṃ tri–bhuvana vapuṣaṃ viṣṇu–mīśaṃ namāmi II 2 II

oṃ namo bhagavate vāsudevāya II śāntā–kāraṃ bhujaga–śayanaṃ padma–nābhaṃ sureśaṃ viśvā–dhāraṃ gagana–sadṛśaṃ megha–varṇaṃ śubhāṅgam I lakṣmī–kāntaṃ kamala–nayanaṃ yogibhir dhyāna–gamyaṃ vande viṣṇuṃ bhava–bhaya–haraṃ sarva–lokaika–nātham II 3 II

namas samasta–bhūtānām ādi–bhūtāya bhūbhṛte I

aneka–rūpa–rūpāya viṣṇave prabha–viṣṇave II

megha–śyāmaṃ pīta–kauśeya–vāsaṃ śrī–vatsāṅkaṃ kaustubhod–bhāsitāṅgam I puṇyopetaṃ puṇḍarī–

kāya–tākṣaṃ viṣṇuṃ vande sarva–lokaika–nātham ||
4 ||

saśaṅkha–cakraṃ sakirīṭa–kuṇḍalaṃ sapīta–vastraṃ
sarasīruhe–kṣaṇam | sa–hāra–vakṣaḥsthala–
kaustubha–śriyaṃ namāmi viṣṇuṃ śirasā catur–
bhujam || 5 ||

chāyāyāṃ pārijātasya hema–siṃhāsano–pari
āsīnam–ambuda–śyāma–māyatākṣam–alaṃkṛtam |
candrā–nanaṃ catur bāhuṃ śrī–vatsāṅkita vakṣasaṃ
rukmiṇī satya–bhāmā–bhyāṃ sahitaṃ kṛṣṇam
āśraye || 6 ||

atha śrī viṣṇu–sahasra–nāmam The 1000 Glorious Names

oṃ viśvaṃ viṣṇur vaṣaṭkāro bhūta–bhavya–bhavat prabhuḥ I bhūta–kṛd–bhūta–bhṛd–bhāvo bhūtātmā bhūta–bhāvanaḥ II 1 II

pūtātmā paramātmā ca muktānāṃ paramā gatiḥ I avyayaḥ puruṣas sākṣī kṣetrajño–'kṣara eva ca II 2 II

yogo yoga–vidāṃ netā pradhāna–puruṣeśvaraḥ I nāra–siṃhavapuḥ śrīmān keśavaḥ puruṣot–tamaḥ II 3 II sarvaś śarvaś śivas sthāṇur–bhūtādir–nidhir–avyayaḥ I sambhavo bhāvano bhartā prabhavaḥ prabhurīśvaraḥ II 4 II

svayambhūś śambhurādityaḥ puṣkarākṣo mahā–svanaḥ I anādi–nidhano dhātā vidhātā dhāturuttamaḥ II 5 II aprameyo hṛṣīkeśaḥ padma–nābho–'mara–prabhuḥ I viśva–karmā manus tvaṣṭā sthaviṣṭhas sthaviro dhruvaḥ II 6 II

agrāhyaś śāśvataḥ kṛṣṇo lohitākṣaḥ pratardanaḥ I pra–bhūtastri–kakubdhāma pavitraṃ maṅgalaṃ param II 7 II

īśānaḥ prāṇadaḥ prāṇo jyeṣṭhaḥ śreṣṭhaḥ prajāpatiḥ I hiraṇya–garbho bhū–garbho mādhavo madhu–sūdanaḥ II 8 II

īśvaro vikramī dhanvī medhāvī vikramaḥ kramaḥ I
anuttamo durā–dharṣaḥ kṛtajñaḥ kṛtir–ātmavān II 9
II sureśaś śaraṇaṃ śarma viśva–retāḥ prajā–bhavaḥ
I ahas saṃvatsaro vyālaḥ pratyayas sarva–darśanaḥ
II 10 II

ajas sarveśvaras siddhaḥ siddhis sarvādir–acyutaḥ I
vṛṣākapir–ameyātmā sarva–yoga–viniḥsṛtaḥ II 11 II
vasur vasumanās satyas samātmā–'sammitas samaḥ
I amoghaḥ puṇḍarī–kākṣo vṛṣa–karmā vṛṣākṛtiḥ II
12 II

rudro bahu–śirā babhrur viśva–yoniś śuci–śravāḥ I
amṛtaś śāśvata–sthāṇur–varāroho mahā–tapāḥ II 13
II
sarvagas sarva–vid–bhānur–viṣvak–seno janārdanaḥ
I vedo veda–vidavyaṅgo vedāṅgo veda–vit–kaviḥ II
14 II
lokādhyakṣas surādhyakṣo dharmādhyakṣaḥ
kṛtākṛtaḥ I catur–ātmā catur–vyūhaś catur–
daṃṣṭraś catur–bhujaḥ II 15 II
bhrā–jiṣṇur bhojanaṃ bhoktā sahiṣṇur jagadādi–jaḥ
I anagho vijayo jetā viśvayoniḥ punar–vasuḥ II 16 II
upendro vāmanaḥ prāṃśur–amoghaś śucirūr–jitaḥ I

atīndras saṅgrahas sargo dhṛtātmā niyamo yamaḥ ||
17 ||

vedyo vaidyas sadā–yogī vīrahā mādhavo madhuḥ |
atīndriyo mahā–māyo mahot–sāho mahā–balaḥ ||
18 ||

mahā–buddhir–mahā–vīryo mahā–śaktir mahā–
dyutiḥ | anirdeśya–vapuḥ śrīmān ameyātmā
mahādri–dhṛk ||19 ||

maheṣvāso mahī–bhartā śrī–nivāsas satāṃ gatiḥ |
aniruddhas surānando govindo govidāṃ patiḥ || 20
||

marīcir–damano haṃsas suparṇo bhujagot–tamaḥ |
hiraṇya–nābhas sutapāḥ padma–nābhaḥ prajā–patiḥ
|| 21 ||

amṛtyus sarvadṛk siṃhas sandhātā sandhimān
sthiraḥ | ajo durmarṣaṇaś śāstā viśrutātmā surārihā
|| 22 ||

gurur gurutamo dhāma satyas satya–parākramaḥ |
nimiṣo–'nimiṣas sragvī vācas–patirudāradhīḥ || 23 ||

agraṇīr–grāmaṇīḥ śrīmān nyāyo netā samīraṇaḥ |
sahasra–mūrdhā viśvātmā sahasrākṣas sahasrapāt
||24 ||

āvartano nivṛttātmā saṃvṛtas sampramardanaḥ I
ahaḥsaṃvartako vahnir–anilo dharaṇī–dharaḥ II 25
II

su–prasādaḥ prasann–ātmā viśva–dhṛg–viśva–bhug–
vibhuḥ I sat–kartā sat–kṛtas sādhur jahnur nārāyaṇo
naraḥ II 26 II

asaṅkhyeyo–'prameyātmā viśiṣṭaḥ śiṣṭa–kṛc–chuciḥ I
siddhārthas siddha–saṅkalpas siddhidas siddhi–
sādhanaḥ II 27 II

vṛṣāhī vṛṣabho viṣṇur–vṛṣaparvā vṛṣodaraḥ I
vardhano vardhamānaś ca viviktaḥ śruti–sāgaraḥ II
28 II

subhujo durdharo vāgmī mahendro vasudo vasuḥ I
naika–rūpo bṛhad–rūpaḥ śipiviṣṭaḥ prakāśanaḥ II 29
II

ojas–tejo–dyuti–dharaḥ prakāśātmā pratāpanaḥ I
ṛddhas spaṣṭākṣaro mantraś candrāṃśur bhāskara–
dyutiḥ II 30 II

amṛtāṃśūd–bhavo bhānuś śaśa–bindus sureśvaraḥ I
auṣadhaṃ jagatas setus satya–dharma–parākramaḥ
II 31 II

bhūta–bhavya–bhavan–nāthaḥ pavanaḥ pāvano–
'nalaḥ I kāma–hā kāma–kṛt–kāntaḥ kāmaḥ kāma–
pradaḥ prabhuḥ II 32 II

yugādi–kṛd–yugāvarto naikamāyo mahāśanaḥ I
adṛśyo vyakta–rūpaśca sahasra–jid–ananta–jit II 33
II
iṣṭo–'viśiṣṭaś śiṣṭeṣṭaś śikhaṇḍī nahuṣo vṛṣaḥ I
krodha–hā krodha–kṛt–kartā viśva–bāhur–
mahīdharaḥ II 34 II
acyutaḥ prathitaḥ prāṇaḥ prāṇado vāsavānujaḥ I
apānnidhir–adhiṣṭhānam–apramattaḥ pratiṣṭhitaḥ
II35 II
skandas skandadharo dhuryo varado vāyu–vāhanaḥ
I vāsudevo bṛhad–bhānur–ādidevaḥ purandaraḥ II
36 II
aśokas–tāraṇas–tāraḥ śūraś śaurir–janeśvaraḥ I
anukūlaś śatāvartaḥ padmī padma–nibhekṣaṇaḥ II
37 II
padma–nābho–'ravindākṣaḥ padma–garbhaḥ śarīra–
bhṛt I maharddhir ṛddho vṛddhātmā mahākṣo
garuḍa–dhvajaḥ II 38 II
atulaś śarabho bhīmas sama–yajño havir–hariḥ I
sarva–lakṣaṇa–lakṣaṇyo lakṣmīvān samitiñjayaḥ II
39 II

vikṣaro rohito mārgo hetur–dāmodaras sahaḥ ǀ
mahī–dharo mahā–bhāgo vega–vāna–mitāśanaḥ ǁ
40 ǁ
udbhavaḥ kṣobhaṇo devaḥ śrī–garbhaḥ
parameśvaraḥ ǀ karaṇaṃ kāraṇaṃ kartā vi–kartā
gahano guhaḥ ǁ 41 ǁ
vyavasāyo vyavasthānas saṃsthānas sthānado
dhruvaḥ ǀ pararddhiḥ parama–spaṣṭas–tuṣṭaḥ
puṣṭaḥ śubhekṣaṇaḥ ǁ 42 ǁ
rāmo virāmo virato mārgo neyo nayo–'nayaḥ ǀ vīraś
śaktimatāṃ śreṣṭho dharmo dharma–viduttamaḥ ǁ
43 ǁ
vaikuṇṭhaḥ puruṣaḥ prāṇaḥ prāṇadaḥ praṇavaḥ
pṛthuḥ ǀ hiraṇya–garbhaś śatrughno vyāpto vāyur–
adhokṣajaḥ ǁ 44 ǁ
ṛtus sudarśanaḥ kālaḥ parameṣṭhī parigrahaḥ ǀ
ugras saṃvatsaro dakṣo viśrāmo viśvadakṣiṇaḥ ǁ 45
ǁ
vistāras sthāvara–sthāṇuḥ pramāṇaṃ bījam–
avyayam ǀ artho–'nartho mahākośo mahābhogo
mahādhanaḥ ǁ 46 ǁ
anir–viṇṇaḥ sthaviṣṭho–'bhūr–dharmayūpo
mahāmakhaḥ ǀ nakṣatra–nemir–nakṣatrī kṣamaḥ
kṣāmas samīhanaḥ ǁ 47 ǁ

yajña ijyo mahejyaśca kratus satraṃ satāṅgatiḥ I
sarva–darśī vimukta–ātmā sarvajño jñānam–
uttamam II 48 II
suvratas sumukhas sūkṣmas sughoṣas sukhadas
suhṛt I manoharo jita–krodho vīra–bāhur–vidāraṇaḥ
II 49 II
svāpanas svavaśo vyāpī naikātmā naika–karma–kṛt I
vatsaro vatsalo vatsī ratna–garbho dhaneśvaraḥ II
50 II
dharma–gub–dharma–kṛd–dharmī sad–asat–
kṣaram–akṣaram I avijñātā saha–srāṃśur–vidhātā
kṛta–lakṣaṇaḥ II 51 II
gabhas–tinemis sattvasthaḥ siṃho bhūta–
maheśvaraḥ I ādi–devo mahā–devo deveśo deva–
bhṛd– guruḥ II 52 II
uttaro gopatir–goptā jñāna–gamyaḥ purātanaḥ I
śarīra–bhūta–bhṛd–bhoktā kapīndro bhūri–dakṣiṇaḥ
II 53 II
somapo–'mṛtapas somaḥ purujit puru–sattamaḥ I
vinayo jayas satyasandho dāśārhas sātvatāṃ patiḥ II
54 II
jīvo vinayitā–sākṣī mukundo–'mita–vikramaḥ I
ambho–nidhir–anantātmā maho–dadhi–śayo–
'ntakaḥ II 55 II

ajo mahārhas svābhāvyo jitāmitraḥ pramodanaḥ I
ānando nandano nandas satya–dharmā tri–vikramaḥ
II 56 II

maharṣiḥ kapilācāryaḥ kṛtajño medinī–patiḥ I tri–
padas tri–daśādhyakṣo mahā–śṛṅgaḥ kṛtānta–kṛt II
57 II

mahā–varāho govindas suṣeṇaḥ kanakāṅ–gadī I
guhyo gabhīro gahano guptaś cakra–gadā–dharaḥ II
58 II

vedhās svāṅgo–'jitaḥ kṛṣṇo dṛḍhas saṅkarṣaṇo–
'cyutaḥ I varuṇo vāruṇo vṛkṣaḥ puṣkarākṣo mahā–
manāḥ II 59 II

bhagavān bhagahā–''nandī vanamālī halāyudhaḥ I
ādityo jyotirādityas sahiṣṇur–gati–sattamaḥ II 60 II

sudhanvā khaṇḍa–paraśur–dāruṇo draviṇa–pradaḥ I
divaḥspṛk sarva–dṛg–vyāso vācaspatir–ayoni–jaḥ II
61 II

trisāmā sāmagas sāma nirvāṇaṃ bheṣajaṃ bhiṣak I
sannyāsa–kṛcchamaś śānto niṣṭhā śāntiḥ parāyaṇam
II 62 II

śubhāṅgaś śāntidas sraṣṭā kumudaḥ kuvale–śayaḥ I
gohito gopatir–goptā vṛṣabhākṣo vṛṣa–priyaḥ II 63 II

anivartī nivṛttātmā saṅkṣeptā kṣema–kṛcchivaḥ I

śrīvatsa–vakṣāḥ śrīvāsaḥ śrīpatiḥ śrīmatāṃ varaḥ ll

64 ll

śrīdaḥ śrīśaḥ śrīnivāsaḥ śrīnidhiḥ śrīvibhāvanaḥ l

śrīdharaḥ śrīkaraḥ śreyaḥ śrīmām̐lloka–trayāśrayaḥ ll

65 ll

svakṣas svaṅgaś śatānando nandir–jyotir–gaṇeśvaraḥ

l vijitātmā–'vidheyātmā sat–kīrtiś chinna–saṃśayaḥ

ll 66 ll

udīrṇas sarvataś cakṣur–anīśaś śāśvata–sthiraḥ l

bhūśayo bhūṣaṇo bhūtirviśokaśśokanāśanaḥ ll 67 ll

arciṣmān arcitaḥ kumbho viśuddhātmā viśodhanaḥ l

aniruddho–'pratirathaḥ pradyumno–'mita–vikramaḥ

ll 68 ll

kāla–nemi–nihā vīraś śauriś śūra–janeśvaraḥ l tri–

loka–ātmā tri–lokeśaḥ keśavaḥ keśihā hariḥ ll 69 ll

kāma–devaḥ kāma–pālaḥ kāmī kāntaḥ kṛtā–gamaḥ l

anir–deśya–vapur viṣṇur vīro–'nanto dhanañjayaḥ ll

70 ll

brahmaṇyo brahma–kṛd–brahmā brahma brahma–

vivardhanaḥ l brahma–vid brāhmaṇo brahmī

brahmajño brāhmaṇa–priyaḥ ll 71 ll

mahā–kramo mahā–karmā mahā–tejā maho–ragaḥ I
mahā–kratur mahā–yajvā mahā–yajño mahā–haviḥ
II 72 II
stavyas stava–priyas stotraṃ stutis stotā raṇa–priyaḥ
I pūrṇaḥ pūrayitā puṇyaḥ puṇya–kīrtir anāmayaḥ II
73 II
mano–javas tīrtha–karo vasu–retā vasu–pradaḥ I
vasu–prado vāsu–devo vasur vasu–manā haviḥ II 74
II
sad–gatis sat–kṛtis sattā sad–bhūtis sat–parāyaṇaḥ I
śūra–seno yadu–śreṣṭhas sanni–vāsas suyā–munaḥ II
75 II
bhūtā–vāso vāsu–devas sarvā–sunilayo–'nalaḥ I
darpahā darpado dṛpto dur–dharo–'thāparā–jitaḥ II
76 II
viśva–mūrtir mahā–mūrtir dīpta–mūrtir amūrti–mān
I aneka–mūrtir avyaktaś śata–mūrtiś śatānanaḥ II
77 II eko naikas savaḥ kaḥ kiṃ yat tat padam–
anuttamam I loka–bandhur loka–nātho mādhavo
bhakta–vatsalaḥ II 78 II
suvarṇa–varṇo hemāṅgo varāṅgaś canda–nāṅgadī I
vīra–hā viṣa–maś śūnyo ghṛtāśīr acalaś calaḥ II 79 II
amānī mānado mānyo loka–svāmī tri–loka–dhṛk I

sumedhā medhajo dhanyas satya–medhā dharā–
dharaḥ || 80 ||
tejo–vṛṣo dyuti–dharas sarva–śastra–bhṛtāṃ varaḥ |
pra–graho ni–graho vyagro naika–śṛṅgo gadā–grajaḥ
|| 81 ||
catur–mūrtiś catur–bāhuś catur–vyūhaś catur–gatiḥ
| catur–ātmā catur–bhāvaś catur–veda–videka–pāt
|| 82 ||
samāvarto–'nivṛtta–ātmā dur–jayo dur–ati–kramaḥ |
durlabho durgamo durgo durā–vāso durā–rihā || 83
||
śubhāṅgo loka–sāraṅgas sutantus tantu–vardhanaḥ |
indra–karmā mahā–karmā kṛta–karmā kṛta–āgamaḥ
|| 84 ||
udbhavas sundaras sundo ratna–nābhas su–locanaḥ
| arko vāja–sanaś śṛṅgī jayantas sarva–vijjayī || 85 ||
suvarṇa–bindur akṣobhyas sarva–vāgīś–vareś–varaḥ
| mahā–hrado mahā–garto mahā–bhūto mahā–
nidhiḥ || 86 ||
kumudaḥ kundaraḥ kundaḥ parjanyaḥ pāvano–'nilaḥ
| amṛtāśo–'mṛta–vapus sarvajñas sarvato–mukhaḥ
|| 87 ||

su–labhas su–vratas siddhaś śatru–jic–chatru–
tāpanaḥ I nyagrodha udumbaro–'śvatthaś cāṇū–
rāndhra–niṣūdanaḥ II 88 II
sahasrār–cis sapta–jihvas saptaidhās sapta–vāhanaḥ
I amūrtir anagho–'cintyo bhaya–kṛd bhaya–nāśanaḥ
II 89 II
aṇur bṛhat kṛśas sthūlo guṇa–bhṛn nir–guṇo mahān I
a–dhṛtas sva–dhṛtas svāsyaḥ prāg–vaṃśo vaṃśa–
vardhanaḥ II 90 II
bhāra–bhṛt kathito yogī yogī–śas sarva–kāma–daḥ I
āśramaḥ śramaṇaḥ kṣāmas su–parṇo vāyu–vāhanaḥ
II 91 II
dhanur–dharo dhanur–vedo daṇḍo dama–yitā
damaḥ I a–parā–jitas sarva–saho niyantā–'niyamo–
'yamaḥ II 92 II
sattva–vān sāttvikas satyas satya–dharma–
parāyaṇaḥ I abhi–prāyaḥ priyār–ho'rhaḥ priya–kṛt–
prīti–vardhanaḥ II 93 II
vihāyasa–gatir–jyotis su–rucir huta–bhug vibhuḥ I
ravir virocanas sūryas savitā ravi–locanaḥ II 94 II
ananto huta–bhug bhoktā sukhado naika–jo–'grajaḥ
I anir–viṇṇas sadā–marṣī lokā–dhiṣṭhānam
adbhutaḥ II 95 II

sanāt sanātana–tamaḥ kapilaḥ kapir apyayaḥ I
svasti-das svasti-kṛt svasti svasti–bhuk svasti–
dakṣiṇaḥ II 96 II

araudraḥ kuṇḍalī cakrī vikramyūr–jita–śāsanaḥ I
śabdā–tigaś śabda–sahaḥ śiśi–raś śarvarī–karaḥ II
97 II

akrūraḥ peśalo dakṣo dakṣiṇaḥ kṣamiṇāṃ varaḥ I
vid–vat–tamo vīta–bhayaḥ puṇya–śravaṇa–kīrtanaḥ
II 98 II

ut–tāraṇo duṣ–kṛti–hā puṇyo duḥsvapna–nāśanaḥ I
vīra–hā rakṣa–ṇas santo jīvanaḥ parya–vasthitaḥ II
99 II

ananta–rūpo–'nanta–śrīr jita–manyur bhayā–pahaḥ
I caturaśro gabhīr–ātmā vi–diśo vyā–diśo diśaḥ II
100 II

anādir bhūr–bhuvo lakṣmīs suvīro ruci–rāṅgadaḥ I
janano jana–janmādir bhīmo bhīma–parā–kramaḥ II
101 II

ādhāra–nilayo–'dhātā puṣpa–hāsaḥ prajā–garaḥ I
ūrdhva–gas sat–pathā–cāraḥ prāṇa–daḥ praṇavaḥ
paṇaḥ II 102 II

pramāṇaṃ prāṇa–nilayaḥ prāṇa–bhṛt–prāṇa–jīvanaḥ
I tattvaṃ tattva–videkātmā janma–mṛtyu–jarā–
tigaḥ II 103 II

bhūr–bhuvaḥsvas–tarus tāras savitā pra–pitā–mahaḥ
I yajño yajña–patir–yajvā yajñāṅgo yajña–vāhanaḥ
II 104 II
yajña–bhṛd yajña–kṛda yajñī yajña–bhug yajña–
sādhanaḥ I yajñānta–kṛd yajña–guhyam annam
annāda eva ca II 105 II
ātma–yonis svayañ–jāto vaikhānas sāma–gāyanaḥ I
devakī–nandanas sraṣṭā kṣitīśaḥ pāpa–nāśanaḥ II
106 II
śaṅkha–bhṛn–nandakī cakrī śārṅga–dhanvā gadā–
dharaḥ I rathāṅga–pāṇir–akṣobhyas sarva–
praharaṇā–yudhaḥ II 107 II

End of the 1000 names

sarvapraharaṇāyudha oṃ nama iti I vana–mālī gadī
śārṅgī śaṅkhī cakrī ca nandakī I śrīmān nārāyaṇo viṣṇur
vāsudevo–'bhirakṣatu II 108 II

Repeat 3x

śrī vāsudevo'bhirakṣatu oṃ nama iti I

uttara–nyāsaḥ , phala–śrutiḥ Fruits of Chanting

Ending the Chant with verses that glorify and list the benefits is again a common practice in Bharata.

bhīṣma uvāca The Grandsire Bhishma concludes

itīdaṃ kīrtanī–yasya keśa–vasya mahāt–manaḥ I
nāmnāṃ sahasraṃ divyā–nām–aśeṣeṇa prakīrti–tam
II 1 II

ya idaṃ śṛṇu–yān–nityaṃ yaścāpi pari–kīrtayet I nā–
śubhaṃ prāpnu–yāt kiñcit so–'mutreha ca mānavaḥ
II 2 II

vedānta–go brāhmaṇas syāt kṣatriyo vijayī bhavet I
vaiśyo dhana–samṛddhas syāc chūdras sukham
avāpnu–yāt II 3 II
dharmārthī prāpnuyād dharmam arthārthī cārtham
āpnuyāt I kāmān avāpnuyāt kāmī prajārthī cāpnuyāt
prajām II 4 II

bhaktimān yas sadotthāya śucis tad gata–mānasaḥ I
sahasraṃ vāsudevasya nām–nāma etat prakīrtayet II
5 II

yaśaḥ prāpnoti vipulaṃ yāti prādhānyam eva ca I
acalāṃ śriyam āpnoti śreyaḥ prāpnotya–nuttamam
II 6 II

na bhayaṃ kvacid āpnoti vīryaṃ tejaś ca vindati I
bhavatya–rogo dyutimān bala–rūpa–guṇān–vitaḥ II
7 II

rogārto mucyate rogād baddho mucyeta bandhanāt
| bhayān mucyeta bhītas tu mucye–tāpan na āpadaḥ
|| 8 ||

durgāṇyati–taratyāśu puruṣaḥ puruṣottamam |
stuvan nāma–sahasreṇa nityaṃ bhakti–samanvitaḥ
|| 9 ||

vāsu–devāśrayo martyo vāsudeva–parāyaṇaḥ |
sarva–pāpa–viśuddhātmā yāti brahma sanātanam ||
10 ||

na vāsudeva–bhaktānām aśubhaṃ vidyate kvacit |
janma–mṛtyu–jarā–vyādhi–bhayaṃ naivopa–jāyate
|| 11 ||

imaṃ stavam adhīyānaḥ śraddhā–bhakti–
samanvitaḥ | yujyetātma–sukha–kṣānti–śrī–dhṛti–
smṛti–kīrti–bhiḥ || 12 ||

na krodho na ca mātsaryaṃ na lobho nāśubhā matiḥ
| bhavanti kṛta–puṇyānāṃ bhaktānāṃ puruṣottame
|| 13 ||

dyaus sa–candrārka–nakṣatrā khaṃ diśo bhūr–
maho–dadhiḥ | vāsudevasya vīryeṇa vidhṛtāni
mahātmanaḥ || 14 ||

sasurā–sura–gandharvaṃ sa–yakṣo–raga–rākṣasam |
jagad vaśe vartatedaṃ kṛṣṇasya sa–carā–caram ||
15 ||

indriyāṇi mano buddhis sattvaṃ tejo balaṃ dhṛtiḥ I
vāsudevātmakānyāhuḥ kṣetraṃ kṣetrajña eva ca II
16 II sarvā–gamānām ācāraḥ prathamaṃ pari–
kalpate I ācāra–prabhavo dharmo dharmasya
prabhur acyutaḥ II 17 II

ṛṣayaḥ pitaro devā mahā–bhūtāni dhātavaḥ I
jaṅgamājaṅgamaṃ cedaṃ jagan nārāyaṇod bhavam
II 18 II

yogo jñānaṃ tathā sāṅkhyaṃ vidyāś śilpādi karma ca
I vedāś śāstrāṇi vijñānam etat sarvaṃ janārdanāt II
19 II

eko viṣṇur mahad bhūtaṃ pṛthag bhatānyanekaśaḥ I
trīm̊llokān vyāpya bhūtātmā bhuṅkte viśva–bhug
avyayaḥ II 20 II

imaṃ stavaṃ bhagavato viṣṇor vyāsena kīrtitam I
paṭhed ya icchet puruṣaḥ śreyaḥ prāptuṃ sukhāni ca
II 21 II

viśveśvaram ajaṃ devaṃ jagataḥ prabhum avyayam
I bhajanti ye puṣkarākṣaṃ na te yānti parā–bhavam
II 22 II

na te yānti parābhavam oṃ nama iti I

arjuna uvāca The Foremost Disciple echoes

padma–patra–viśālākṣa padma–nābha surottama |

bhaktānām anuraktānāṃ trātā bhava janārdana ||

23 ||

śrī bhagavān uvāca Lord Sri Krishna confirms

yo māṃ nāma–sahasreṇa stotum icchati pāṇḍava |

so'ham ekena ślokena stuta eva na saṃśayaḥ || 24 ||

stuta eva na saṃśaya oṃ nama iti |

vyāsa uvāca The Chronicler Veda Vyasa states

vāsanād vāsudevasya vāsitaṃ bhuvana–trayam |

sarvabhūta–nivāso'si vāsudeva namo'stu te || 25 ||

śrī vāsudeva namo'stuta oṃ nama iti |

pārvatyuvāca Goddess Parvati exclaims

kenopāyena laghunā viṣṇor nāma–sahasra–kam |

paṭhyate paṇḍitair nityaṃ śrotum icchāmyahaṃ prabho || 26 ||

īśvara uvāca Lord Shiva responds

śrīrāma rāma rāmeti rame rāme manorame ǀ

sahasra–nāma tat tulyaṃ rāma nāma varānane ǁ 27 ǁ *repeat 3x*

śrīrāmanāma varānana oṃ nama iti ǀ

brahmovāca Lord Brahma the Creator says

namo–'stva–nantāya sahasra–mūrtaye sahasra–pādākṣi–śiroru–bāhave ǀ sahasra–nāmne puruṣāya śāśvate sahasra–koṭi–yuga–dhāriṇe namaḥ ǁ 28 ǁ

sahasrakoṭiyugadhāriṇa oṃ nama iti ǀ

sañjaya uvāca The Narrator Sanjaya said

yatra yogeśvaraḥ kṛṣṇo yatra pārtho dhanurdharaḥ ǀ

tatra śrīr vijayo bhūtir dhruvā nītir matir mama ǁ 29 ǁ

śrī bhagavān uvāca Lord Sri Krishna certified

ananyāś cintayanto māṃ ye janāḥ paryupāsate |
teṣāṃ nityābhi–yuktānāṃ yoga–kṣemaṃ
vahāmyaham || 30 || paritrāṇāya sādhūnāṃ
vināśāya ca duṣkṛtām | dharma–saṃsthā–
panārthāya sambha–vāmi yuge yuge || 31 || ārtāḥ
viṣaṇṇāḥ śithilāśca bhītāḥ ghoreṣu ca vyādhiṣu
vartamānāḥ | saṅkīrtya nārāyaṇa–śabda–mātraṃ
vimukta–duḥkhāḥ sukhino bhavantu || 32 ||

bhakta uvāca The reciting Devotee ends with

kāyena vācā manasendriyairvā buddhyātmanā vā
prakṛteḥ svabhāvāt | karomi yad yat sakalaṃ
parasmai nārāyaṇāyeti samarpayāmi || 33 ||

|| iti mahābhārate anuśāsanaparvaṇi bhīṣmayudhiṣṭhirasaṃvāde śrīviṣṇor-divya-sahasranāma-stotraṃ sampūrṇam ||

|| oṃ tat sat ||

Ending Prayer

gurur brahmā gurur viṣṇuḥ gurur devo maheśvaraḥ I

gurus sākṣāt parabrahma tasmai śrīgurave namaḥ II

śrī gurubhyo namaḥ hariḥ oṃ I

śrī kṛṣṇārpaṇamastu II

Latin Transliteration Chart

International Alphabet of Sanskrit Transliteration (I.A.S.T.)

a-ā-i-ī-u-ū-ṛ-ṝ-ḷ

अ-आ-इ-ई-उ-ऊ-ऋ-ॠ-ऌ

e-ai-o-au-ṃ-m̐-ḥ-oṃ

ए-ऐ-ओ-औ-ं-ँ-ः-ॐ

Consonants with vowel 'a= अ' for uttering

ka-kha-ga-gha-ṅa क–ख–ग–घ–ङ

ca-cha-ja-jha-ña च–छ–ज–झ–ञ

ṭa-ṭha-ḍa-ḍha-ṇa ट–ठ–ड–ढ–ण

ta-tha-da-dha-na त–थ–द–ध–न

pa-pha-ba-bha-ma प–फ–ब–भ–म

ya-ra-la-va य-र-ल-व

śa-ṣa-sa-ha श-ष-स-ह

ḷa ळ, ' ऽ, Consonant ka = क्अ = क, k = क्

Sanskrit Letters Pronunciation

अ sOn आ fAther इ It ई bEAt उ fUll ऊ pOOl ऋ Rhythm ॠ maRIne ऌ reveLRy ॡ ए plAy ऐ AIsle ओ gO औ lOUd

अं Anusvara is pure nasal – close the lips – similar to म्

। अः Visarga is Breath release like ह् and preceding

vowel sound, e.g. Pronounce नमः as नमह , शान्तिः as

शान्तिहि , विष्णुः विष्णुहु

क seeK, ख KHan, ग Get, घ loGHut, ङ siNG
च CHunk, छ catCHHim, ज Jump, झ heDGEhog, ञ buNch
ट True, ठ anTHill, ड Drum, ढ goDHead, ण uNder
त Tamil, थ THunder, द THat, ध breaTHE, न Nut
प Put, फ Fruit, ब Bin, भ aBHor, म Much
य loYal, र Red, ल Luck, व Vase,
श Sure, ष Shun, स So Hum ह

Vedic Meter or Tune अनुष्टुप् छन्दः

The Stotra is written and sung in a definite meter known as the Anuṣṭup Chandaḥ. अनुष्टुप् छन्दः । We find in gurukuls that while chanting the Bhagavad Gita, there is a definite pause at each quarter verse. However in chanting the Vishnu Sahasranama, every verse flows smoothly. We must simply know the emphasized syllables during recitation.

e.g. Verse 1 Quarter 1

विश्वं विष्णुर् वषट्कारो -Each Syllable –

1, 2, 3, 4, 5, 6, 7, 8.

विश् वं विष् णुर् व षट् का रो ।

–, –, –, –, ह्रस्वः, दीर्घः, दीर्घः, – ।

Verse 1 Quarter 2

भूतभव्यभवत् प्रभुः । Each Syllable –

1, 2, 3, 4, 5, 6, 7, 8.

भूत भव् य भ वत् प्र भु : ।

–, –, –, –, –, –, ह्रस्वः, –।

Verse 1 Quarter 3

भूतकृद्भूतभृद्भावो Each Syllable –

1, 2, 3, 4, 5, 6, 7, 8.

भू त कृद् भू त भृद् भा वो ।

–, –, –, –, –, –, दीर्घः, –।

Verse 1 Quarter 4

भूतात्मा भूतभावनः ॥ Each Syllable –

1, 2, 3, 4, 5, 6, 7, 8.

भू तात् मा भू त भा व नः ।

–, –, –, –, –, –, ह्रस्वः, –।

References

Author-Title-Year-Edition-Publisher

- R. Ananthakrishna Sastry – The Vishnu Sahasranama with the Bhasya of Sankaracharya -1927-1st – Theosophical Publishing House, Madras
- Bhola - श्रीविष्णुसहस्रनाम श्रीआद्यशंकराचार्यकृत भाष्य -1934 – 1st – Gita Press, Gorakhpur
- Various – श्रीविष्णुसहस्रनामस्तोत्रम् (मूलमात्रम्) – 1934 – 1st – Gita Press, Gorakhpur

- https://sanskritdocuments.org/doc_vishhnu/vsahasranew.html
- https://www.swami-krishnananda.org/vishnu/vishnu_1.html
- Devanagari to Latin ISO 15919 / IAST standard https://en.wikipedia.org/wiki/ISO_15919
- Devanagari Transliteration Tool https://www.ashtangayoga.info/philosophy/sanskrit-and-devanagari/transliteration-tool/

Audio Chanting

Vishnu Sahasranamam Full in Sanskrit, Shemaroo Bhakti
https://www.youtube.com/watch?v=SHjcWy_tf6g

Vyoma Linguistics Labs Foundation, Bangalore
https://www.sanskritfromhome.in/course/chant_vishnusahasranama/

Vishnu Sahasranamam Full Version Original, Spiritual India
https://www.youtube.com/watch?v=zKC17254flc

Vishnu Sahasranam Chanting, The Art of Living
https://www.youtube.com/watch?v=zdFgDARoFeY

Section 2 Original Verses Devanagari

This Version is from the epic Mahabharata. (Alternate readings are available in the texts Skanda Purana, Garuda Purana, etc.)

॥ श्री विष्णुसहस्रनामस्तोत्रम् ॥

ॐ शुक्लाम्बरधरं विष्णुं शशिवर्णं चतुर्भुजम् ।

प्रसन्नवदनं ध्यायेत् सर्वविघ्नोपशान्तये ॥ 1 ॥

यस्य द्विरदवक्त्राद्याः पारिषद्याः परः शतम् ।

विघ्नं निघ्नन्ति सततं विष्वकसेनं तमाश्रये ॥ 2 ॥

व्यासं वसिष्ठनप्तारं शक्तेः पौत्रमकल्मषम् ।

पराशरात्मजं वन्दे शुकतातं तपोनिधिम् ॥ 3 ॥

व्यासाय विष्णुरूपाय व्यासरूपाय विष्णवे ।

नमो वै ब्रह्मनिधये वासिष्ठाय नमो नमः ॥ 4 ॥

अविकाराय शुद्धाय नित्याय परमात्मने ।

सदैकरूपरूपाय विष्णवे सर्वजिष्णवे ॥ 5 ॥

यस्य स्मरणमात्रेण जन्मसंसारबन्धनात् ।

विमुच्यते नमस्तस्मै विष्णवे प्रभविष्णवे ॥ 6 ॥

ॐ नमो विष्णवे प्रभविष्णवे ।

वैशम्पायन उवाच

श्रुत्वा धर्मानशेषेण पावनानि च सर्वशः ।

युधिष्ठिरः शान्तनवं पुनरेवाभ्यभाषत ॥ 1 ॥

युधिष्ठिर उवाच

किमेकं दैवतं लोके किं वाप्येकं परायणम् ।

स्तुवन्तः कं कमर्चन्तः प्राप्नुयुर्मानवाः शुभम् ॥ 2 ॥

को धर्मः सर्वधर्माणां भवतः परमो मतः ।

किं जपन्मुच्यते जन्तुर्जन्मसंसारबन्धनात् ॥ 3 ॥

भीष्म उवाच

जगत्प्रभुं देवदेवमनन्तं पुरुषोत्तमम् ।

स्तुवन्नामसहस्रेण पुरुषः सततोत्थितः ॥ 4 ॥

तमेव चार्चयन्नित्यं भक्त्या पुरुषमव्ययम् ।

ध्यायन्स्तुवन्नमस्यंश्च यजमानस्तमेव च ॥ 5 ॥

अनादिनिधनं विष्णुं सर्वलोकमहेश्वरम् ।

लोकाध्यक्षं स्तुवन्नित्यं सर्वदुःखातिगो भवेत् ॥ 6 ॥

ब्रह्मण्यं सर्वधर्मज्ञं लोकानां कीर्तिवर्धनम् ।

लोकनाथं महद्भूतं सर्वभूतभवोद्भवम् ॥ 7 ॥

एष मे सर्वधर्माणां धर्मोऽधिकतमो मतः ।

यद्भक्त्या पुण्डरीकाक्षं स्तवैरर्चेन्नरः सदा ॥ 8 ॥

परमं यो महत्तेजः परमं यो महत्तपः ।

परमं यो महद्ब्रह्म परमं यः परायणम् ॥ 9 ॥

पवित्राणां पवित्रं यो मङ्गलानां च मङ्गलम् ।

दैवतं देवतानां च भूतानां योऽव्ययः पिता ॥ 10 ॥

यतः सर्वाणि भूतानि भवन्त्यादियुगागमे ।

यस्मिंश्च प्रलयं यान्ति पुनरेव युगक्षये ॥ 11 ॥

तस्य लोकप्रधानस्य जगन्नाथस्य भूपते ।

विष्णोर्नामसहस्त्रं मे शृणु पापभयापहम् ॥ 12 ॥

यानि नामानि गौणानि विख्यातानि महात्मनः ।

ऋषिभिः परिगीतानि तानि वक्ष्यामि भूतये ॥ 13 ॥

ऋषिर्नाम्नां सहस्त्रस्य वेदव्यासो महामुनिः ॥

छन्दोऽनुष्टुप् तथा देवो भगवान् देवकीसुतः ॥ 14 ॥

अमृतांशूद्भवो बीजं शक्तिर्देवकिनन्दनः ।

त्रिसामा हृदयं तस्य शान्त्यर्थे विनियुज्यते ॥ 15 ॥

विष्णुं जिष्णुं महाविष्णुं प्रभविष्णुं महेश्वरम् ॥

अनेकरूपदैत्यान्तं नमामि पुरुषोत्तमम् ॥ 16 ॥

अथ पूर्व न्यासः ।

अस्य श्रीविष्णोर्दिव्यसहस्रनामस्तोत्रमहामन्त्रस्य । श्री वेदव्यासो भगवान् ऋषिः । अनुष्टुप् छन्दः । श्रीमहाविष्णुः परमात्मा श्रीमन्नारायणो देवता । अमृतांशूद्भवो भानुरिति बीजम् । देवकीनन्दनः स्रष्टेति शक्तिः । उद्भवः क्षोभणो देव इति परमो मन्त्रः । शङ्खभृन्नन्दकी चक्रीति कीलकम् । शार्ङ्गधन्वा गदाधर इत्यस्त्रम् । रथाङ्गपाणिरक्षोभ्य इति नेत्रम् । त्रिसामा सामगः सामेति कवचम् । आनन्दं परब्रह्मेति योनिः । ऋतुः सुदर्शनः काल इति दिग्बन्धः । श्री विश्वरूप इति ध्यानम् । श्री महाविष्णुप्रीत्यर्थे सहस्रनामजपे विनियोगः ॥

अथ न्यासः ।

ॐ शिरसि वेदव्यासऋषये नमः । मुखे अनुष्टुप्छन्दसे नमः । हृदि श्रीकृष्णपरमात्मदेवतायै नमः । गुह्ये अमृतांशूद्भवो भानुरिति बीजाय नमः । पादयोर्देवकीनन्दनः स्रष्टेति शक्तये नमः । सर्वाङ्गे शङ्खभृन्नन्दकी चक्रीति कीलकाय नमः । करसम्पूटे मम श्रीकृष्णप्रीत्यर्थे जपे विनियोगाय नमः ॥ इति ऋषयादिन्यासः ॥

अथ करन्यासः ।

ॐ विश्वं विष्णुर्वषट्कार इत्यङ्गुष्ठाभ्यां नमः । अमृतांशूद्भवो भानुरिति तर्जनीभ्यां नमः । ब्रह्मण्यो ब्रह्मकृद्ब्रह्मेति मध्यमाभ्यां नमः ।

सुवर्णबिन्दुरक्षोभ्य इत्यनामिकाभ्यां नमः । निमिषोऽनिमिषः स्रग्वीति कनिष्ठिकाभ्यां नमः । रथाङ्गपाणिरक्षोभ्य इति करतलकरपृष्ठाभ्यां नमः । इति करन्यासः ॥

अथ षडङ्गन्यासः ।

ॐ विश्वं विष्णुर्वषट्कार इति हृदयाय नमः । अमृतांशूद्भवो भानुरिति शिरसे स्वाहा । ब्रह्मण्यो ब्रह्मकृद्ब्रह्मेति शिखायै वषट् । सुवर्णबिन्दुरक्षोभ्य इति कवचाय हुम् । निमिषोऽनिमिषः स्रग्वीति नेत्रत्रयाय वौषट् । रथाङ्गपाणिरक्षोभ्य इत्यस्त्राय फट् । इति षडङ्गन्यासः ॥

अथ सङ्कल्पः ।

श्रीकृष्णप्रीत्यर्थे विष्णोर्दिव्यसहस्रनामजपमहं करिष्ये इति सङ्कल्पः ।

ध्यानम् ।

क्षीरोदन्वत्प्रदेशे शुचिमणिविलसत्सैकतेमौक्तिकानां

मालाक्लृप्तासनस्थः स्फटिकमणिनिभैर्मौक्तिकैर्मण्डिताङ्गः ।

शुभ्रैरभ्रैरदभ्रैरुपरिविरचितैर्मुक्तपीयूष वर्षैः आनन्दी नः

पुनीयादरिनलिनगदा शङ्खपाणिर्मुकुन्दः ॥ 1 ॥

भूः पादौ यस्य नाभिर्वियदसुरनिलश्चन्द्र सूर्यौ च नेत्रे कर्णावाशाः शिरो

द्यौर्मुखमपि दहनो यस्य वास्तेयमब्धिः ।

अन्तःस्थं यस्य विश्वं सुरनरखगगोभोगिगन्धर्वदैत्यैः चित्रं रंरम्यते तं

त्रिभुवन वपुषं विष्णुमीशं नमामि ॥ 2 ॥

ॐ नमो भगवते वासुदेवाय ॥

शान्ताकारं भुजगशयनं पद्मनाभं सुरेशं विश्वाधारं गगनसदृशं मेघवर्णं

शुभाङ्गम् । लक्ष्मीकान्तं कमलनयनं योगिभिर्ध्यानगम्यं वन्दे विष्णुं

भवभयहरं सर्वलोकैकनाथम् ॥ 3॥

नमस्समस्तभूतानामादिभूताय भूभृते । अनेकरूपरूपाय विष्णवे

प्रभविष्णवे ॥ मेघश्यामं पीतकौशेयवासं श्रीवत्साङ्कं

कौस्तुभोद्भासिताङ्गम् ।

पुण्योपेतं पुण्डरीकायताक्षं विष्णुं वन्दे सर्वलोकैकनाथम् ॥ 4 ॥

सशङ्खचक्रं सकिरीटकुण्डलं सपीतवस्त्रं सरसीरुहेक्षणम् ।

सहारवक्षःस्थलकौस्तुभश्रियं नमामि विष्णुं शिरसा चतुर्भुजम् ॥ 5 ॥

छायायां पारिजातस्य हेमसिंहासनोपरि

आसीनमम्बुदश्याममायताक्षमलंकृतम् ।

चन्द्राननं चतुर्बाहुं श्रीवत्साङ्कित वक्षसं रुक्मिणी सत्यभामाभ्यां

सहितं कृष्णमाश्रये ॥ 6 ॥

अथ सहस्रनाम

ॐ विश्वं विष्णुर्वषट्कारो भूतभव्यभवत्प्रभुः ।

भूतकृद्भूतभृद्भावो भूतात्मा भूतभावनः ॥ 1 ॥

पूतात्मा परमात्मा च मुक्तानां परमा गतिः ।

अव्ययः पुरुषः साक्षी क्षेत्रज्ञोऽक्षर एव च ॥ 2 ॥

योगो योगविदां नेता प्रधानपुरुषेश्वरः ।

नारसिंहवपुः श्रीमान् केशवः पुरुषोत्तमः ॥ 3 ॥

सर्वः शर्वः शिवः स्थाणुर्भूतादिर्निधिरव्ययः ।

सम्भवो भावनो भर्ता प्रभवः प्रभुरीश्वरः ॥ 4 ॥

स्वयम्भूः शम्भुरादित्यः पुष्कराक्षो महास्वनः ।

अनादिनिधनो धाता विधाता धातुरुत्तमः ॥ 5 ॥

अप्रमेयो हृषीकेशः पद्मनाभोऽमरप्रभुः ।

विश्वकर्मा मनुस्त्वष्टा स्थविष्ठः स्थविरो ध्रुवः ॥ 6 ॥

अग्राह्यः शाश्वतः कृष्णो लोहिताक्षः प्रतर्दनः ।

प्रभूतस्त्रिककुब्धाम पवित्रं मङ्गलं परम् ॥ 7 ॥

ईशानः प्राणदः प्राणो ज्येष्ठः श्रेष्ठः प्रजापतिः ।

हिरण्यगर्भो भूगर्भो माधवो मधुसूदनः ॥ 8 ॥

ईश्वरो विक्रमी धन्वी मेधावी विक्रमः क्रमः ।

अनुत्तमो दुराधर्षः कृतज्ञः कृतिरात्मवान् ॥ 9 ॥

सुरेशः शरणं शर्म विश्वरेताः प्रजाभवः ।

अहः संवत्सरो व्यालः प्रत्ययः सर्वदर्शनः ॥ 10 ॥

अजः सर्वेश्वरः सिद्धः सिद्धिः सर्वादिरच्युतः ।

वृषाकपिरमेयात्मा सर्वयोगविनिःसृतः ॥ 11 ॥

वसुर्वसुमनाः सत्यः समात्माऽसम्मितः समः ।

अमोघः पुण्डरीकाक्षो वृषकर्मा वृषाकृतिः ॥ 12 ॥

रुद्रो बहुशिरा बभ्रुर्विश्वयोनिः शुचिश्रवाः ।

अमृतः शाश्वतस्थाणुर्वरारोहो महातपाः ॥ 13 ॥

सर्वगः सर्वविद्भानुर्विष्वक्सेनो जनार्दनः ।

वेदो वेदविदव्यङ्गो वेदाङ्गो वेदवित् कविः ॥ 14 ॥

लोकाध्यक्षः सुराध्यक्षो धर्माध्यक्षः कृताकृतः ।

चतुरात्मा चतुर्व्यूहश्चतुर्दंष्ट्रश्चतुर्भुजः ॥ 15 ॥

भ्राजिष्णुर्भोजनं भोक्ता सहिष्णुर्जगदादिजः ।

अनघो विजयो जेता विश्वयोनिः पुनर्वसुः ॥ 16 ॥

उपेन्द्रो वामनः प्रांशुरमोघः शुचिरूर्जितः ।

अतीन्द्रः सङ्ग्रहः सर्गो धृतात्मा नियमो यमः ॥ 17 ॥

वेद्यो वैद्यः सदायोगी वीरहा माधवो मधुः ।

अतीन्द्रियो महामायो महोत्साहो महाबलः ॥ 18 ॥

महाबुद्धिर्महावीर्यो महाशक्तिर्महाद्युतिः ।

अनिर्देश्यवपुः श्रीमानमेयात्मा महाद्रिधृक् ॥ 19 ॥

महेष्वासो महीभर्ता श्रीनिवासः सतां गतिः ।

अनिरुद्धः सुरानन्दो गोविन्दो गोविदां पतिः ॥ 20 ॥

मरीचिर्दमनो हंसः सुपर्णो भुजगोत्तमः ।

हिरण्यनाभः सुतपाः पद्मनाभः प्रजापतिः ॥ 21 ॥

अमृत्युः सर्वदृक् सिंहः सन्धाता सन्धिमान् स्थिरः ।

अजो दुर्मर्षणः शास्ता विश्रुतात्मा सुरारिहा ॥ 22 ॥

गुरुर्गुरुतमो धाम सत्यः सत्यपराक्रमः ।

निमिषोऽनिमिषः स्रग्वी वाचस्पतिरुदारधीः ॥ 23 ॥

अग्रणीर्ग्रामणीः श्रीमान् न्यायो नेता समीरणः ।

सहस्रमूर्धा विश्वात्मा सहस्राक्षः सहस्रपात् ॥ 24 ॥

आवर्तनो निवृत्तात्मा संवृतः सम्प्रमर्दनः ।

अहःसंवर्तको वह्निरनिलो धरणीधरः ॥ 25 ॥

सुप्रसादः प्रसन्नात्मा विश्वधृग्विश्वभुग्विभुः ।

सत्कर्ता सत्कृतः साधुर्जह्नुर्नारायणो नरः ॥ 26 ॥

असङ्ख्येयोऽप्रमेयात्मा विशिष्टः शिष्टकृच्छुचिः ।

सिद्धार्थः सिद्धसङ्कल्पः सिद्धिदः सिद्धिसाधनः ॥ 27 ॥

वृषाही वृषभो विष्णुर्वृषपर्वा वृषोदरः ।

वर्धनो वर्धमानश्च विविक्तः श्रुतिसागरः ॥ 28 ॥

सुभुजो दुर्धरो वाग्मी महेन्द्रो वसुदो वसुः ।

नैकरूपो बृहद्रूपः शिपिविष्टः प्रकाशनः ॥ 29 ॥

ओजस्तेजोद्युतिधरः प्रकाशात्मा प्रतापनः ।

ऋद्धः स्पष्टाक्षरो मन्त्रश्चन्द्रांशुर्भास्करद्युतिः ॥ 30 ॥

अमृतांशूद्भवो भानुः शशबिन्दुः सुरेश्वरः ।

औषधं जगतः सेतुः सत्यधर्मपराक्रमः ॥ 31 ॥

भूतभव्यभवन्नाथः पवनः पावनोऽनलः ।

कामहा कामकृत्कान्तः कामः कामप्रदः प्रभुः ॥ 32 ॥

युगादिकृद्युगावर्तो नैकमायो महाशनः ।

अदृश्यो व्यक्तरूपश्च सहस्रजिदनन्तजित् ॥ 33 ॥

इष्टोऽविशिष्टः शिष्टेष्टः शिखण्डी नहुषो वृषः ।

क्रोधहा क्रोधकृत्कर्ता विश्वबाहुर्महीधरः ॥ 34 ॥

अच्युतः प्रथितः प्राणः प्राणदो वासवानुजः ।

अपांनिधिरधिष्ठानमप्रमत्तः प्रतिष्ठितः ॥ 35 ॥

स्कन्दः स्कन्दधरो धुर्यो वरदो वायुवाहनः ।

वासुदेवो बृहद्भानुरादिदेवः पुरन्दरः ॥ 36 ॥

अशोकस्तारणस्तारः शूरः शौरिर्जनेश्वरः ।

अनुकूलः शतावर्तः पद्मी पद्मनिभेक्षणः ॥ 37 ॥

पद्मनाभोऽरविन्दाक्षः पद्मगर्भः शरीरभृत् ।

महर्द्धिर्ऋद्धो वृद्धात्मा महाक्षो गरुडध्वजः ॥ 38 ॥

अतुलः शरभो भीमः समयज्ञो हविर्हरिः ।

सर्वलक्षणलक्षण्यो लक्ष्मीवान् समितिञ्जयः ॥ 39 ॥

विक्षरो रोहितो मार्गो हेतुर्दामोदरः सहः ।

महीधरो महाभागो वेगवानमिताशनः ॥ 40 ॥

उद्भवः क्षोभणो देवः श्रीगर्भः परमेश्वरः ।

करणं कारणं कर्ता विकर्ता गहनो गुहः ॥ 41 ॥

व्यवसायो व्यवस्थानः संस्थानः स्थानदो ध्रुवः ।

परर्द्धिः परमस्पष्टस्तुष्टः पुष्टः शुभेक्षणः ॥ 42 ॥

रामो विरामो विरतो मार्गो नेयो नयोऽनयः ।

वीरः शक्तिमतां श्रेष्ठो धर्मो धर्मविदुत्तमः ॥ 43 ॥

वैकुण्ठः पुरुषः प्राणः प्राणदः प्रणवः पृथुः ।

हिरण्यगर्भः शत्रुघ्नो व्याप्तो वायुरधोक्षजः ॥ 44 ॥

ऋतुः सुदर्शनः कालः परमेष्ठी परिग्रहः ।

उग्रः संवत्सरो दक्षो विश्रामो विश्वदक्षिणः ॥ 45 ॥

विस्तारः स्थावरस्थाणुः प्रमाणं बीजमव्ययम् ।

अर्थोऽनर्थो महाकोशो महाभोगो महाधनः ॥ 46 ॥

अनिर्विण्णः स्थविष्ठोऽभूर्धर्मयूपो महामखः ।

नक्षत्रनेमिर्नक्षत्री क्षमः क्षामः समीहनः ॥ 47 ॥

यज्ञ इज्यो महेज्यश्च क्रतुः सत्रं सताङ्गतिः ।

सर्वदर्शी विमुक्तात्मा सर्वज्ञो ज्ञानमुत्तमम् ॥ 48 ॥

सुव्रतः सुमुखः सूक्ष्मः सुघोषः सुखदः सुहृत् ।

मनोहरो जितक्रोधो वीरबाहुर्विदारणः ॥ 49 ॥

स्वापनः स्ववशो व्यापी नैकात्मा नैककर्मकृत् ।

वत्सरो वत्सलो वत्सी रत्नगर्भो धनेश्वरः ॥ 50 ॥

धर्मगुब्धर्मकृद्धर्मी सदसत्क्षरमक्षरम् ।

अविज्ञाता सहस्रांशुर्विधाता कृतलक्षणः ॥ 51 ॥

गभस्तिनेमिः सत्त्वस्थः सिंहो भूतमहेश्वरः ।

आदिदेवो महादेवो देवेशो देवभृद्गुरुः ॥ 52 ॥

उत्तरो गोपतिर्गोप्ता ज्ञानगम्यः पुरातनः ।

शरीरभूतभृद्भोक्ता कपीन्द्रो भूरिदक्षिणः ॥ 53 ॥

सोमपोऽमृतपः सोमः पुरुजित्पुरुसत्तमः ।

विनयो जयः सत्यसन्धो दाशार्हः सात्वताम्पतिः ॥ 54

जीवो विनयितासाक्षी मुकुन्दोऽमितविक्रमः ।

अम्भोनिधिरनन्तात्मा महोदधिशयोऽन्तकः ॥ 55 ॥

अजो महार्हः स्वाभाव्यो जितामित्रः प्रमोदनः ।

आनन्दो नन्दनो नन्दः सत्यधर्मा त्रिविक्रमः ॥ 56 ॥

महर्षिः कपिलाचार्यः कृतज्ञो मेदिनीपतिः ।

त्रिपदस्त्रिदशाध्यक्षो महाशृङ्गः कृतान्तकृत् ॥ 57 ॥

महावराहो गोविन्दः सुषेणः कनकाङ्गदी ।

गुह्यो गभीरो गहनो गुप्तश्चक्रगदाधरः ॥ 58 ॥

वेधाः स्वाङ्गोऽजितः कृष्णो दृढः सङ्कर्षणोऽच्युतः ।

वरुणो वारुणो वृक्षः पुष्कराक्षो महामनाः ॥ 59 ॥

भगवान् भगहाऽऽनन्दी वनमाली हलायुधः ।

आदित्यो ज्योतिरादित्यः सहिष्णुर्गतिसत्तमः ॥ 60 ॥

सुधन्वा खण्डपरशुर्दारुणो द्रविणप्रदः ।

दिवःस्पृक् सर्वदृग्व्यासो वाचस्पतिरयोनिजः ॥ 61 ॥

त्रिसामा सामगः साम निर्वाणं भेषजं भिषक् ।

सन्न्यासकृच्छमः शान्तो निष्ठा शान्तिः परायणम् ॥ 62

शुभाङ्गः शान्तिदः स्रष्टा कुमुदः कुवलेशयः ।

गोहितो गोपतिर्गोप्ता वृषभाक्षो वृषप्रियः ॥ 63 ॥

अनिवर्ती निवृत्तात्मा सङ्क्षेप्ता क्षेमकृच्छिवः ।

श्रीवत्सवक्षाः श्रीवासः श्रीपतिः श्रीमतां वरः ॥ 64 ॥

श्रीदः श्रीशः श्रीनिवासः श्रीनिधिः श्रीविभावनः ।

श्रीधरः श्रीकरः श्रेयः श्रीमाँल्लोकत्रयाश्रयः ॥ 65 ॥

स्वक्षः स्वङ्गः शतानन्दो नन्दिर्ज्योतिर्गणेश्वरः ।

विजितात्माऽविधेयात्मा सत्कीर्तिश्छिन्नसंशयः ॥ 66

उदीर्णः सर्वतश्चक्षुरनीशः शाश्वतस्थिरः ।

भूशयो भूषणो भूतिर्विशोकः शोकनाशनः ॥ 67 ॥

अर्चिष्मानर्चितः कुम्भो विशुद्धात्मा विशोधनः ।

अनिरुद्धोऽप्रतिरथः प्रद्युम्नोऽमितविक्रमः ॥ 68 ॥

कालनेमिनिहा वीरः शौरिः शूरजनेश्वरः ।

त्रिलोकात्मा त्रिलोकेशः केशवः केशिहा हरिः ॥ 69 ॥

कामदेवः कामपालः कामी कान्तः कृतागमः ।

अनिर्देश्यवपुर्विष्णुर्वीरोऽनन्तो धनञ्जयः ॥ 70 ॥

ब्रह्मण्यो ब्रह्मकृद्ब्रह्मा ब्रह्म ब्रह्मविवर्धनः ।

ब्रह्मविद्ब्राह्मणो ब्रह्मी ब्रह्मज्ञो ब्राह्मणप्रियः ॥ 71 ॥

महाक्रमो महाकर्मा महातेजा महोरगः ।

महाक्रतुर्महायज्वा महायज्ञो महाहविः ॥ 72 ॥

स्तव्यः स्तवप्रियः स्तोत्रं स्तुतिः स्तोता रणप्रियः ।

पूर्णः पूरयिता पुण्यः पुण्यकीर्तिरनामयः ॥ 73 ॥

मनोजवस्तीर्थकरो वसुरेता वसुप्रदः ।

वसुप्रदो वासुदेवो वसुर्वसुमना हविः ॥ 74 ॥

सद्गतिः सत्कृतिः सत्ता सद्भूतिः सत्परायणः ।

शूरसेनो यदुश्रेष्ठः सन्निवासः सुयामुनः ॥ 75 ॥

भूतावासो वासुदेवः सर्वासुनिलयोऽनलः ।

दर्पहा दर्पदो दृप्तो दुर्धरोऽथापराजितः ॥ 76 ॥

विश्वमूर्तिर्महामूर्तिर्दीप्तमूर्तिरमूर्तिमान् ।

अनेकमूर्तिरव्यक्तः शतमूर्तिः शताननः ॥ 77 ॥

एको नैकः सवः कः किं यत्तत्पदमनुत्तमम् ।

लोकबन्धुर्लोकनाथो माधवो भक्तवत्सलः ॥ 78 ॥

सुवर्णवर्णो हेमाङ्गो वराङ्गश्चन्दनाङ्गदी ।

वीरहा विषमः शून्यो घृताशीरचलश्चलः ॥ 79 ॥

अमानी मानदो मान्यो लोकस्वामी त्रिलोकधृक् ।

सुमेधा मेधजो धन्यः सत्यमेधा धराधरः ॥ 80 ॥

तेजोवृषो द्युतिधरः सर्वशस्त्रभृतां वरः ।

प्रग्रहो निग्रहो व्यग्रो नैकशृङ्गो गदाग्रजः ॥ 81 ॥

चतुर्मूर्तिश्चतुर्बाहुश्चतुर्व्यूहश्चतुर्गतिः ।

चतुरात्मा चतुर्भावश्चतुर्वेदविदेकपात् ॥ 82 ॥

समावर्तोऽनिवृत्तात्मा दुर्जयो दुरतिक्रमः ।

दुर्लभो दुर्गमो दुर्गो दुरावासो दुरारिहा ॥ 83 ॥

शुभाङ्गो लोकसारङ्गः सुतन्तुस्तन्तुवर्धनः ।

इन्द्रकर्मा महाकर्मा कृतकर्मा कृतागमः ॥ 84 ॥

उद्भवः सुन्दरः सुन्दो रत्ननाभः सुलोचनः ।

अर्को वाजसनः शृङ्गी जयन्तः सर्वविज्जयी ॥ 85 ॥

सुवर्णबिन्दुरक्षोभ्यः सर्ववागीश्वरेश्वरः ।

महाह्रदो महागर्तो महाभूतो महानिधिः ॥ 86 ॥

कुमुदः कुन्दरः कुन्दः पर्जन्यः पावनोऽनिलः ।

अमृताशोऽमृतवपुः सर्वज्ञः सर्वतोमुखः ॥ 87 ॥

सुलभः सुव्रतः सिद्धः शत्रुजिच्छत्रुतापनः ।

न्यग्रोध उदुम्बरोऽश्वत्थश्चाणूरान्ध्रनिषूदनः ॥ 88 ॥

सहस्रार्चिः सप्तजिह्वः सप्तैधाः सप्तवाहनः ।

अमूर्तिरनघोऽचिन्त्यो भयकृद्भयनाशनः ॥ 89 ॥

अणुर्बृहत्कृशः स्थूलो गुणभृन्निर्गुणो महान् ।

अधृतः स्वधृतः स्वास्यः प्राग्वंशो वंशवर्धनः ॥ 90 ॥

भारभृत्कथितो योगी योगीशः सर्वकामदः ।

आश्रमः श्रमणः क्षामः सुपर्णो वायुवाहनः ॥ 91 ॥

धनुर्धरो धनुर्वेदो दण्डो दमयिता दमः ।

अपराजितः सर्वसहो नियन्ताऽनियमोऽयमः ॥ 92 ॥

सत्त्ववान्सात्त्विकः सत्यः सत्यधर्मपरायणः ।

अभिप्रायः प्रियार्होऽर्हः प्रियकृत्प्रीतिवर्धनः ॥ 93 ॥

विहायसगतिर्ज्योतिः सुरुचिर्हुतभुग्विभुः ।

रविर्विरोचनः सूर्यः सविता रविलोचनः ॥ 94 ॥

अनन्तो हुतभुग्भोक्ता सुखदो नैकजोऽग्रजः ।

अनिर्विण्णः सदामर्षी लोकाधिष्ठानमद्भुतः ॥ 95 ॥

सनात्सनातनतमः कपिलः कपिरप्ययः ।

स्वस्तिदः स्वस्तिकृत्स्वस्ति स्वस्तिभुक्स्वस्तिदक्षिणः ॥ 96 ॥

अरौद्रः कुण्डली चक्री विक्रम्यूर्जितशासनः ।

शब्दातिगः शब्दसहः शिशिरः शर्वरीकरः ॥ 97 ॥

अक्रूरः पेशलो दक्षो दक्षिणः क्षमिणां वरः ।

विद्वत्तमो वीतभयः पुण्यश्रवणकीर्तनः ॥ 98 ॥

उत्तारणो दुष्कृतिहा पुण्यो दुःस्वप्ननाशनः ।

वीरहा रक्षणः सन्तो जीवनः पर्यवस्थितः ॥ 99 ॥

अनन्तरूपोऽनन्तश्रीर्जितमन्युर्भयापहः ।

चतुरश्रो गभीरात्मा विदिशो व्यादिशो दिशः ॥ 100 ॥

अनादिर्भूर्भुवो लक्ष्मीः सुवीरो रुचिराङ्गदः ।

जननो जनजन्मादिर्भीमो भीमपराक्रमः ॥ 101 ॥

आधारनिलयोऽधाता पुष्पहासः प्रजागरः ।

ऊर्ध्वगः सत्पथाचारः प्राणदः प्रणवः पणः ॥ 102 ॥

प्रमाणं प्राणनिलयः प्राणभृत्प्राणजीवनः ।

तत्त्वं तत्त्वविदेकात्मा जन्ममृत्युजरातिगः ॥ 103 ॥

भूर्भुवःस्वस्तरुस्तारः सविता प्रपितामहः ।

यज्ञो यज्ञपतिर्यज्वा यज्ञाङ्गो यज्ञवाहनः ॥ 104 ॥

यज्ञभृद्यज्ञकृद्यज्ञी यज्ञभुग्यज्ञसाधनः ।

यज्ञान्तकृद्यज्ञगुह्यमन्नमन्नाद एव च ॥ 105 ॥

आत्मयोनिः स्वयञ्जातो वैखानः सामगायनः ।

देवकीनन्दनः स्त्रष्टा क्षितीशः पापनाशनः ॥ 106 ॥

शङ्खभृन्नन्दकी चक्री शार्ङ्गधन्वा गदाधरः ।

रथाङ्गपाणिरक्षोभ्यः सर्वप्रहरणायुधः ॥ 107 ॥

सर्वप्रहरणायुध ॐ नम इति ।

वनमाली गदी शार्ङ्गी शङ्खी चक्री च नन्दकी ।

श्रीमान्नारायणो विष्णुर्वासुदेवोऽभिरक्षतु ॥ 108 ॥

Repeat 3 times

॥ श्री वासुदेवोऽभिरक्षतु ॐ नम इति ॥ *End of 1000 names*

उत्तरन्यासः , फलश्रुतिः *Fruits of Chanting*

भीष्म उवाच

इतीदं कीर्तनीयस्य केशवस्य महात्मनः ।

नाम्नां सहस्रं दिव्यानामशेषेण प्रकीर्तितम् ॥ 1 ॥

य इदं शृणुयान्नित्यं यश्चापि परिकीर्तयेत् ।

नाशुभं प्राप्नुयात्किञ्चित्सोऽमुत्रेह च मानवः ॥ 2 ॥

वेदान्तगो ब्राह्मणः स्यात्क्षत्रियो विजयी भवेत् ।

वैश्यो धनसमृद्धः स्याच्छूद्रः सुखमवाप्नुयात् ॥ 3 ॥

धर्मार्थी प्राप्नुयाद्धर्ममर्थार्थी चार्थमाप्नुयात् ।

कामानवाप्नुयात्कामी प्रजार्थी चाप्नुयात्प्रजाम् ॥ 4 ॥

भक्तिमान् यः सदोत्थाय शुचिस्तद्गतमानसः ।

सहस्रं वासुदेवस्य नाम्नामेतत्प्रकीर्तयेत् ॥ 5 ॥

यशः प्राप्नोति विपुलं याति प्राधान्यमेव च ।

अचलां श्रियमाप्नोति श्रेयः प्राप्नोत्यनुत्तमम् ॥ 6 ॥

न भयं क्वचिदाप्नोति वीर्यं तेजश्च विन्दति ।

भवत्यरोगो द्युतिमान्बलरूपगुणान्वितः ॥ 7 ॥

रोगार्तो मुच्यते रोगाद्बद्धो मुच्येत बन्धनात् ।

भयान्मुच्येत भीतस्तु मुच्येतापन्न आपदः ॥ 8 ॥

दुर्गाण्यतितरत्याशु पुरुषः पुरुषोत्तमम् ।

स्तुवन्नामसहस्रेण नित्यं भक्तिसमन्वितः ॥ 9 ॥

वासुदेवाश्रयो मर्त्यो वासुदेवपरायणः ।

सर्वपापविशुद्धात्मा याति ब्रह्म सनातनम् ॥ 10 ॥

न वासुदेवभक्तानामशुभं विद्यते क्वचित् ।

जन्ममृत्युजराव्याधिभयं नैवोपजायते ॥ 11 ॥

इमं स्तवमधीयानः श्रद्धाभक्तिसमन्वितः ।

युज्येतात्मसुखक्षान्तिश्रीधृतिस्मृतिकीर्तिभिः ॥ 12 ॥

न क्रोधो न च मात्सर्यं न लोभो नाशुभा मतिः ।

भवन्ति कृतपुण्यानां भक्तानां पुरुषोत्तमे ॥ 13 ॥

द्यौः सचन्द्रार्कनक्षत्रा खं दिशो भूर्महोदधिः ।

वासुदेवस्य वीर्येण विधृतानि महात्मनः ॥ 14 ॥

ससुरासुरगन्धर्वं सयक्षोरगराक्षसम् ।

जगद्वशे वर्ततेदं कृष्णस्य सचराचरम् ॥ 15 ॥

इन्द्रियाणि मनो बुद्धिः सत्त्वं तेजो बलं धृतिः ।

वासुदेवात्मकान्याहुः क्षेत्रं क्षेत्रज्ञ एव च ॥ 16 ॥

सर्वागमानामाचारः प्रथमं परिकल्पते ।

आचारप्रभवो धर्मो धर्मस्य प्रभुरच्युतः ॥ 17 ॥

ऋषयः पितरो देवा महाभूतानि धातवः ।

जङ्गमाजङ्गमं चेदं जगन्नारायणोद्भवम् ॥ 18 ॥

योगो ज्ञानं तथा साङ्ख्यं विद्याः शिल्पादि कर्म च ।

वेदाः शास्त्राणि विज्ञानमेतत्सर्वं जनार्दनात् ॥ 19 ॥

एको विष्णुर्महद्भूतं पृथग्भूतान्यनेकशः ।

त्रीँल्लोकान्व्याप्य भूतात्मा भुङ्क्ते विश्वभुगव्ययः ॥ 20

इमं स्तवं भगवतो विष्णोर्व्यासेन कीर्तितम् ।

पठेद्य इच्छेत्पुरुषः श्रेयः प्राप्तुं सुखानि च ॥ 21 ॥

विश्वेश्वरमजं देवं जगतः प्रभुमव्ययम् ।

भजन्ति ये पुष्कराक्षं न ते यान्ति पराभवम् ॥ 22 ॥

न ते यान्ति पराभवम् ॐ नम इति ।

अर्जुन उवाच

पद्मपत्रविशालाक्ष पद्मनाभ सुरोत्तम ।

भक्तानामनुरक्तानां त्राता भव जनार्दन ॥ 23 ॥

श्रीभगवानुवाच

यो मां नामसहस्रेण स्तोतुमिच्छति पाण्डव ।

सोऽहमेकेन श्लोकेन स्तुत एव न संशयः ॥ 24 ॥

स्तुत एव न संशय ॐ नम इति ।

व्यास उवाच

वासनाद्वासुदेवस्य वासितं भुवनत्रयम् ।

सर्वभूतनिवासोऽसि वासुदेव नमोऽस्तु ते ॥ 25 ॥

श्री वासुदेव नमोऽस्तुत ॐ नम इति ।

पार्वत्युवाच

केनोपायेन लघुना विष्णोर्नामसहस्रकम् ।

पठ्यते पण्डितैर्नित्यं श्रोतुमिच्छाम्यहं प्रभो ॥ 26 ॥

ईश्वर उवाच

श्रीराम राम रामेति रमे रामे मनोरमे ।

सहस्रनाम तत्तुल्यं राम नाम वरानने ॥ 27 ॥ *repeat 3x*

रामनाम वरानन ॐ नम इति ।

ब्रह्मोवाच

नमोऽस्त्वनन्ताय सहस्रमूर्तये सहस्रपादाक्षिशिरोरुबाहवे ।

सहस्रनाम्ने पुरुषाय शाश्वते सहस्रकोटियुगधारिणे नमः ॥ 28 ॥

सहस्रकोटियुगधारिण ॐ नम इति ।

सञ्जय उवाच

यत्र योगेश्वरः कृष्णो यत्र पार्थो धनुर्धरः ।

तत्र श्रीर्विजयो भूतिर्ध्रुवा नीतिर्मतिर्मम ॥ 29 ॥

श्री भगवान् उवाच

अनन्याश्चिन्तयन्तो मां ये जनाः पर्युपासते ।

तेषां नित्याभियुक्तानां योगक्षेमं वहाम्यहम् ॥ 30 ॥

परित्राणाय साधूनां विनाशाय च दुष्कृताम् ।

धर्मसंस्थापनार्थाय सम्भवामि युगे युगे ॥ 31 ॥ आर्ताः विषण्णाः

शिथिलाश्च भीताः घोरेषु च व्याधिषु वर्तमानाः ।

सङ्कीर्त्य नारायणशब्दमात्रं विमुक्तदुःखाः सुखिनो भवन्तु ॥ 32 ॥

कायेन वाचा मनसेन्द्रियैर्वा बुद्ध्यात्मना वा प्रकृतेः स्वभावात् ।

करोमि यद्यत् सकलं परस्मै नारायणायेति समर्पयामि ॥ 33 ॥

इति महाभारते अनुशासनपर्वणि भीष्मयुधिष्ठिरसंवादे

श्रीविष्णोर्दिव्यसहस्रनामस्तोत्रं सम्पूर्णम् ॥

ॐ तत् सत् ॥

Section 3 Verses as Chanted Sanskrit

The Verses have been written as chanted, with appropriate change of the Visarga to र् repha, स् sakara or श् śakara. Also, in certain sandhis the Visarga gets elided.

(The Anusvara also undergoes changes and is chanted as a corresponding nasal letter in specific cases. However this is Optional as per Sanskrit Grammar rules, so less adhered to).

Also for the beginner, a hyphen has been inserted to show the subwords and letters clearly, that helps in correct pronunciation. The way we begin chanting stays with us, so seeing the words distinctly in the beginning is an advantage in the learning process.

॥ श्री विष्णु–सहस्रनाम–स्तोत्रम् ॥

अथ महिमा ।

Before chanting the 1000 names we bring to mind the greatness of the Lord.

ॐ शुक्लाम्–बरधरं विष्णुं शशि–वर्णं चतुर्–भुजम् ।

प्रसन्न–वदनं ध्यायेत् सर्व–विघ्नो–पशान्तये ॥ 1॥

यस्य द्विरद–वक्त्राद्याः पारिषद्याः परश् शतम् ।

विघ्नं निघ्नन्ति सततं विष्वकसेनं तमाश्रये ॥ 2॥

व्यासं वसिष्ठ–नप्तारं शक्तेः पौत्रम्–अकल्मषम् ।

पराशर–आत्मजं वन्दे शुक–तातं तपो–निधिम् ॥ 3॥

व्यासाय विष्णु–रूपाय व्यास–रूपाय विष्णवे ।

नमो वै ब्रह्म–निधये वासिष्ठाय नमो नमः ॥ 4॥

अविकाराय शुद्धाय नित्याय परमात्मने ।

सदैक–रूप–रूपाय विष्णवे सर्व–जिष्णवे ॥ 5॥

यस्य स्मरण–मात्रेण जन्म–संसार–बन्धनात् ।

वि–मुच्यते नमस् तस्मै विष्णवे प्रभ–विष्णवे ॥ 6॥

ॐ नमो विष्णवे प्रभविष्णवे ।

Now the initial statements that lay the basis for chanting the 1000 names. The dialogue between King Yudhisthir and Grandsire Bhisma as recorded by the sage Vaishampayana.

वैशम्पायन उवाच

श्रुत्वा धर्मान्–अशेषेण पावनानि च सर्वशः ।
युधिष्ठिरश् शान्त–नवं पुनरेवाभ्य–भाषत ॥ 1॥

युधिष्ठिर उवाच

किमेकं दैवतं लोके किं वाप्येकं परायणम् ।
स्तुवन्तः कं कमर्चन्तः प्राप्नु–युर्मानवाश् शुभम् ॥ 2॥
को धर्मस् सर्व–धर्माणां भवतः परमो मतः ।
किं जपन् मुच्यते जन्तुर् जन्म–संसार–बन्धनात् ॥ 3॥

भीष्म उवाच

जगत् प्रभुं देव-देवम्–अनन्तं पुरुषोत्–तमम् ।
स्तुवन् नाम–सहस्रेण पुरुषस् सत–तोत्थितः ॥ 4॥
तमेव चार्चयन् नित्यं भक्त्या पुरुषम्–अव्ययम् ।
ध्यायन् स्तुवन् नमस् यंश्च यज–मानस् तमेव च ॥ 5॥

अनादि–निधनं विष्णुं सर्व–लोक–महेश्वरम् ।
लोकाध्यक्षं स्तुवन् नित्यं सर्व–दुःखातिगो भवेत् ॥ 6॥
ब्रह्मण्यं सर्व–धर्म–ज्ञं लोकानां कीर्ति–वर्धनम् ।
लोक–नाथं महद् भूतं सर्व–भूत–भवोद्–भवम् ॥ 7॥
एष मे सर्व–धर्माणां धर्मो–ऽधिक–तमो मतः ।
यद् भक्त्या पुण्डरी–काक्षं स्तवैरर्–चेन् नरस् सदा ॥ 8॥
परमं यो महत् तेजः परमं यो महत् तपः ।
परमं यो महद् ब्रह्म परमं यः परायणम् ॥ 9॥
पवित्राणां पवित्रं यो मङ्गलानां च मङ्गलम् ।
दैवतं देवतानां च भूतानां यो–ऽव्ययः पिता ॥ 10॥
यतस् सर्वाणि भूतानि भवन्त्यादि–युगागमे ।
यस्मिंश् च प्रलयं यान्ति पुनरेव युग–क्षये ॥ 11॥
तस्य लोक–प्रधानस्य जगन् नाथस्य भूपते ।
विष्णोर् नाम–सहस्त्रं मे शृणु पाप–भयापहम् ॥ 12॥
यानि नामानि गौणानि विख्यातानि महात्मनः ।
ऋषिभिर् परि–गीतानि तानि वक्ष्यामि भूतये ॥ 13॥
ऋषिर् नाम्नां सहस्त्र–स्य वेद–व्यासो महा–मुनिः ॥
छन्दो–ऽनुष्टुप् तथा देवो भगवान् देवकी–सुतः ॥ 14॥
अमृतां–शूद्–भवो बीजं शक्तिर् देवकि–नन्दनः ।

त्रिसामा हृदयं तस्य शान्त्यर्थे वि–नि–युज्यते ॥ 15॥

विष्णुं जिष्णुं महा–विष्णुं प्रभ–विष्णुं महेश्वरम् ॥

अनेक–रूप–दैत्यान्तं नमामि पुरुषोत्–तमम् ॥ 16॥

अथ पूर्व न्यासः ।

Before Beginning, we purify the body parts by invoking deities.

अस्य श्री-विष्णोर्–दिव्य-सहस्र–नाम–स्तोत्र–महा–मन्त्रस्य । श्री वेद–व्यासो भगवान् ऋषिः । अनुष्टुप् छन्दः । श्री–महा–विष्णुः परमात्मा श्रीमन् नारायणो देवता । अमृतां–शूद्–भवो भानुर् इति बीजम् । देवकी–नन्दनः स्रष्टेति शक्तिः । उद्भवः क्षोभणो देव इति परमो मन्त्रः । शङ्ख–भृन्–नन्दकी चक्रीति कीलकम् । शार्ङ्ग–धन्वा गदाधर इति अस्त्रम् । रथाङ्ग–पाणिर्–अक्षोभ्य इति नेत्रम् । त्रि–सामा सामगस् सामेति कवचम् । आनन्दं पर–ब्रह्मेति योनिः । ऋतुस् सुदर्शनः काल इति दिग्बन्धः । श्री विश्व–रूप इति ध्यानम् । श्री महा–विष्णु–प्रीत्यर्थे सहस्र–नाम–जपे वि–नि–योगः ॥

अथ न्यासः ।

ॐ शिरसि वेद–व्यास–ऋषये नमः । मुखे अनुष्टुप्छन्दसे नमः । हृदि श्री–कृष्ण–परमात्म–देवतायै नमः । गुह्ये अमृतां–शूद्–भवो भानु–

रिति बीजाय नमः । पादयोर् देवकी–नन्दनस् स्रष्टेति शक्तये नमः । सर्वाङ्गे शङ्ख–भृन्–नन्दकी चक्रीति कीलकाय नमः । कर–सम्पूटे मम श्री–कृष्ण–प्रीत्यर्थे जपे विनियोगाय नमः ॥ इति ऋषयादि–न्यासः ॥

अथ कर–न्यासः ।

ॐ विश्वं विष्णुर् वषट्कार इति अङ्गुष्ठा–भ्यां नमः । अमृतांशूद्भवो भानुरिति तर्जनी–भ्यां नमः । ब्रह्मण्यो ब्रह्म–कृद् ब्रह्मेति मध्यमा–भ्यां नमः । सुवर्ण–बिन्दुर्–अक्षोभ्य इति अनामिका–भ्यां नमः । निमिषो–ऽनिमिषः स्रग्वीति कनिष्ठिका–भ्यां नमः । रथाङ्ग–पाणिर्–अक्षोभ्य इति कर–तल–कर–पृष्ठा–भ्यां नमः । इति करन्यासः ।

अथ षड्–अङ्ग–न्यासः ।

ॐ विश्वं विष्णुर् वषट्कार इति हृदयाय नमः । अमृतांशूद्भवो भानुरिति शिरसे स्वाहा । ब्रह्मण्यो ब्रह्म–कृद् ब्रह्मेति शिखायै वषट् । सुवर्ण–बिन्दुर्–अक्षोभ्य इति कवचाय हुम् । निमिषो–ऽनिमिषस् स्रग्वीति नेत्र–त्रयाय वौषट् । रथाङ्ग–पाणिर्–अक्षोभ्य इति अस्त्राय फट् । इति षडङ्गन्यासः ॥

अथ सङ्कल्पः ।

The Thought or Desire for which we are doing it.

श्री–कृष्ण–प्रीत्यर्थे विष्णोर् दिव्य–सहस्र–नाम–जपम् अहं करिष्ये

इति सङ्कल्पः ।

ध्यानम् ।

क्षीरोदन्वत् प्रदेशे शुचि–मणि–विलसत् सैकतेर् मौक्तिकानां माला–क्लृप्ता–सनस्थस् स्फटि–कमणि–निभैर् मौक्तिकैर् मण्डिताङ्गः । शुभ्रैर् अभ्रैर् अदभ्रैर् उपरि–विरचितैर्–मुक्त–पीयूष वर्षैः आनन्दी नः पुनीयादरि–नलिन–गदा शङ्ख–पाणिर् मुकुन्दः ॥ 1॥

भूः पादौ यस्य नाभिर् वियदसुरनिलश् चन्द्र सूर्यौ च नेत्रे कर्णा–वाशाश् शिरो द्यौर् मुखमपि दहनो यस्य वास्ते–यमब्धिः । अन्तःस्थं यस्य विश्वं सुर–नर–खग–गो–भोगि–गन्धर्व–दैत्यैः चित्रं रं–रम्यते तं त्रि–भुवन वपुषं विष्णु–मीशं नमामि ॥ 2॥ ॥

ॐ नमो भगवते वासुदेवाय ॥ शान्ता–कारं भुजग–शयनं पद्म–नाभं सुरेशं विश्वा–धारं गगन–सदृशं मेघ–वर्णं शुभाङ्गम् । लक्ष्मी–कान्तं कमल–नयनं योगिभिर् ध्यान–गम्यं वन्दे विष्णुं भव–भय–हरं सर्व–लोकैक–नाथम् ॥ 3॥

नमस् समस्त–भूतानाम् आदि–भूताय भूभृते । अनेक–रूप–रूपाय विष्णवे प्रभ–विष्णवे ॥ मेघ–श्यामं पीत–कौशेय–वासं श्री–वत्साङ्कं

कौस्तुभोद्–भासिताङ्गम् । पुण्योपेतं पुण्डरी–काय–ताक्षं विष्णुं वन्दे सर्व–लोकैक–नाथम् ॥ 4॥

सशङ्ख–चक्रं सकिरीट–कुण्डलं सपीत–वस्त्रं सरसीरुहे–क्षणम् । स–हार–वक्षःस्थल–कौस्तुभ–श्रियं नमामि विष्णुं शिरसा चतुर्–भुजम्
॥ 5॥ छायायां पारिजातस्य हेम–सिंहासनो–परि-आसीनम्–अम्बुद–श्याम–मायताक्षम्–अलंकृतम् । चन्द्रा–ननं चतुर् बाहुं श्री–वत्साङ्कित वक्षसं-रुक्मिणी सत्य–भामा–भ्यां सहितं कृष्णम् आश्रये
॥ 6॥

अथ श्री विष्णु–सहस्र–नामम् The 1000 Glorious Names

ॐ विश्वं विष्णुर् वषट्कारो भूत–भव्य–भवत् प्रभुः ।

भूत–कृद्–भूत–भृद्–भावो भूतात्मा भूत–भावनः ॥ 1॥

पूतात्मा परमात्मा च मुक्तानां परमा गतिः ।

अव्ययः पुरुषस् साक्षी क्षेत्रज्ञो–ऽक्षर एव च ॥ 2॥

योगो योग–विदां नेता प्रधान–पुरुषेश्वरः ।

नार–सिंहवपुः श्रीमान् केशवः पुरुषोत्–तमः ॥ 3॥

सर्वश् शर्वश् शिवस् स्थाणुर्–भूतादिर्–निधिर्–अव्ययः ।

सम्भवो भावनो भर्ता प्रभवः प्रभुरीश्वरः ॥ 4॥

स्वयम्भूश् शम्भुरादित्यः पुष्कराक्षो महा–स्वनः ।

अनादि–निधनो धाता विधाता धातुरुत्तमः ॥ 5॥

अप्रमेयो हृषीकेशः पद्म–नाभो–ऽमर–प्रभुः ।

विश्व–कर्मा मनुस् त्वष्टा स्थविष्ठस् स्थविरो ध्रुवः ॥ 6॥

अग्राह्यश् शाश्वतः कृष्णो लोहिताक्षः प्रतर्दनः ।

प्र–भूतस्त्रि–ककुब्धाम पवित्रं मङ्गलं परम् ॥ 7॥

ईशानः प्राणदः प्राणो ज्येष्ठः श्रेष्ठः प्रजापतिः ।

हिरण्य–गर्भो भू–गर्भो माधवो मधु–सूदनः ॥ 8॥

ईश्वरो विक्रमी धन्वी मेधावी विक्रमः क्रमः ।

अनुत्तमो दुरा–धर्षः कृतज्ञः कृतिर्–आत्मवान् ॥ 9॥

सुरेशश् शरणं शर्म विश्व–रेताः प्रजा–भवः ।

अहस् संवत्सरो व्यालः प्रत्ययस् सर्व–दर्शनः ॥ 10॥

अजस् सर्वेश्वरस् सिद्धः सिद्धिस् सर्वादिर्–अच्युतः ।

वृषाकपिर्–अमेयात्मा सर्व–योग–विनिःसृतः ॥ 11॥

वसुर् वसुमनास् सत्यस् समात्मा–ऽसम्मितस् समः ।

अमोघः पुण्डरी–काक्षो वृष–कर्मा वृषाकृतिः ॥ 12॥

रुद्रो बहु–शिरा बभ्रुर् विश्व–योनिश् शुचि–श्रवाः ।

अमृतश् शाश्वत–स्थाणुर्–वरारोहो महा–तपाः ॥ 13॥

सर्वगस् सर्व–विद्–भानुर्–विष्वक्–सेनो जनार्दनः ।

वेदो वेद–विदव्यङ्गो वेदाङ्गो वेद–वित्–कविः ॥ 14॥

लोकाध्यक्षस् सुराध्यक्षो धर्माध्यक्षः कृताकृतः ।

चतुर्–आत्मा चतुर्–व्यूहश् चतुर्–दंष्ट्रश् चतुर्–भुजः ॥ 15॥

भ्रा–जिष्णुर् भोजनं भोक्ता सहिष्णुर् जगदादि–जः ।

अनघो विजयो जेता विश्वयोनिः पुनर्–वसुः ॥ 16॥

उपेन्द्रो वामनः प्रांशुर्–अमोघश् शुचिरूर्–जितः ।

अतीन्द्रस् सङ्ग्रहस् सर्गो धृतात्मा नियमो यमः ॥ 17 ॥

वेद्यो वैद्यस् सदा–योगी वीरहा माधवो मधुः ।

अतीन्द्रियो महा–मायो महोत्–साहो महा–बलः ॥ 18 ॥

महा–बुद्धिर्–महा–वीर्यो महा–शक्तिर् महा–द्युतिः ।

अनिर्देश्य–वपुः श्रीमान् अमेयात्मा महाद्रि–धृक् ॥ 19 ॥

महेष्वासो मही–भर्ता श्री–निवासस् सतां गतिः ।

अनिरुद्धस् सुरानन्दो गोविन्दो गोविदां पतिः ॥ 20 ॥

मरीचिर्–दमनो हंसस् सुपर्णो भुजगोत्–तमः ।

हिरण्य–नाभस् सुतपाः पद्म–नाभः प्रजा–पतिः ॥ 21 ॥

अमृत्युस् सर्वदृक् सिंहस् सन्धाता सन्धिमान् स्थिरः ।

अजो दुर्मर्षणश् शास्ता विश्रुतात्मा सुरारिहा ॥ 22 ॥

गुरुर् गुरुतमो धाम सत्यस् सत्य–पराक्रमः ।

निमिषो–ऽनिमिषस् स्रग्वी वाचस्–पतिरुदारधीः ॥ 23 ॥

अग्रणीर्–ग्रामणीः श्रीमान् न्यायो नेता समीरणः ।

सहस्र–मूर्धा विश्वात्मा सहस्राक्षस् सहस्रपात् ॥ 24 ॥

आवर्तनो निवृत्तात्मा संवृतस् सम्प्रमर्दनः ।

अहःसंवर्तको वह्निर्–अनिलो धरणी–धरः ॥ 25 ॥

सु–प्रसादः प्रसन्न–आत्मा विश्व–धृग्–विश्व–भुग्–विभुः ।

सत्–कर्ता सत्–कृतस् साधुर् जह्नुर् नारायणो नरः ॥ 26 ॥

असङ्ख्येयो–ऽप्रमेयात्मा विशिष्टः शिष्ट–कृच्–छुचिः ।

सिद्धार्थस् सिद्ध–सङ्कल्पस् सिद्धिदस् सिद्धि–साधनः ॥ 27 ॥

वृषाही वृषभो विष्णुर्–वृषपर्वा वृषोदरः ।

वर्धनो वर्धमानश् च विविक्तः श्रुति–सागरः ॥ 28॥

सुभुजो दुर्धरो वाग्मी महेन्द्रो वसुदो वसुः ।

नैक–रूपो बृहद्–रूपः शिपिविष्टः प्रकाशनः ॥ 29॥

ओजस्–तेजो–द्युति–धरः प्रकाशात्मा प्रतापनः ।

ऋद्धस् स्पष्टाक्षरो मन्त्रश् चन्द्रांशुर् भास्कर–द्युतिः ॥ 30॥

अमृतांशूद्–भवो भानुश् शश–बिन्दुस् सुरेश्वरः ।

औषधं जगतस् सेतुस् सत्य–धर्म–पराक्रमः ॥ 31॥

भूत–भव्य–भवन्–नाथः पवनः पावनो–ऽनलः ।

काम–हा काम–कृत्–कान्तः कामः काम–प्रदः प्रभुः ॥ 32॥

युगादि–कृद्–युगावर्तो नैकमायो महाशनः ।

अदृश्यो व्यक्त–रूपश्च सहस्र–जिद्–अनन्त–जित् ॥ 33 ॥

इष्टो–ऽविशिष्टश् शिष्टेष्टश् शिखण्डी नहुषो वृषः ।

क्रोध–हा क्रोध–कृत्–कर्ता विश्व–बाहुर्–महीधरः ॥ 34 ॥

अच्युतः प्रथितः प्राणः प्राणदो वासवानुजः ।

अपान्निधिर्–अधिष्ठानम्–अप्रमत्तः प्रतिष्ठितः ॥ 35॥

स्कन्दस् स्कन्दधरो धुर्यो वरदो वायु–वाहनः ।

वासुदेवो बृहद्–भानुर्–आदिदेवः पुरन्दरः ॥ 36॥

अशोकस्–तारणस्–तारः शूरश् शौरिर्–जनेश्वरः ।

अनुकूलश् शतावर्तः पद्मी पद्म–निभेक्षणः ॥ 37॥

पद्म–नाभो–ऽरविन्दाक्षः पद्म–गर्भः शरीर–भृत् ।

महर्द्धिर् ऋद्धो वृद्धात्मा महाक्षो गरुड–ध्वजः ॥ 38॥

अतुलश् शरभो भीमस् सम–यज्ञो हविर्–हरिः ।

सर्व–लक्षण–लक्षण्यो लक्ष्मीवान् समितिञ्जयः ॥ 39॥

विक्षरो रोहितो मार्गो हेतुर्–दामोदरस् सहः ।

मही–धरो महा–भागो वेग–वान–मिताशनः ॥ 40॥

उद्भवः क्षोभणो देवः श्री–गर्भः परमेश्वरः ।

करणं कारणं कर्ता वि–कर्ता गहनो गुहः ॥ 41॥

व्यवसायो व्यवस्थानस् संस्थानस् स्थानदो ध्रुवः ।

परर्द्धिः परम–स्पष्टस्–तुष्टः पुष्टः शुभेक्षणः ॥ 42॥

रामो विरामो विरतो मार्गो नेयो नयो–ऽनयः ।

वीरश् शक्तिमतां श्रेष्ठो धर्मो धर्म–विदुत्तमः ॥ 43॥

वैकुण्ठः पुरुषः प्राणः प्राणदः प्रणवः पृथुः ।

हिरण्य–गर्भश् शत्रुघ्नो व्याप्तो वायुर्–अधोक्षजः ॥ 44 ॥

ऋतुस् सुदर्शनः कालः परमेष्ठी परिग्रहः ।

उग्रस् संवत्सरो दक्षो विश्रामो विश्वदक्षिणः ॥ 45॥

विस्तारस् स्थावर–स्थाणुः प्रमाणं बीजम्–अव्ययम् ।

अर्थो–ऽनर्थो महाकोशो महाभोगो महाधनः ॥ 46॥

अनिर्–विण्णः स्थविष्ठो–ऽभूर्–धर्मयूपो महामखः ।

नक्षत्र–नेमिर्–नक्षत्री क्षमः क्षामस् समीहनः ॥ 47॥

यज्ञ इज्यो महेज्यश्च क्रतुस् सत्रं सताङ्गतिः ।

सर्व–दर्शी विमुक्त–आत्मा सर्वज्ञो ज्ञानम्–उत्तमम् ॥ 48॥

सुव्रतस् सुमुखस् सूक्ष्मस् सुघोषस् सुखदस् सुहृत् ।

मनोहरो जित–क्रोधो वीर–बाहुर्–विदारणः ॥ 49॥

स्वापनस् स्ववशो व्यापी नैकात्मा नैक–कर्म–कृत् ।

वत्सरो वत्सलो वत्सी रत्न–गर्भो धनेश्वरः ॥ 50॥

धर्म–गुब्–धर्म–कृद्–धर्मी सद्–असत्–क्षरम्–अक्षरम् ।

अविज्ञाता सह–स्रांशुर्–विधाता कृत–लक्षणः ॥ 51॥

गभस्–तिनेमिस् सत्त्वस्थः सिंहो भूत–महेश्वरः ।

आदि–देवो महा–देवो देवेशो देव–भृद्–गुरुः ॥ 52॥

उत्तरो गोपतिर्–गोप्ता ज्ञान–गम्यः पुरातनः ।

शरीर–भूत–भृद्–भोक्ता कपीन्द्रो भूरि–दक्षिणः ॥ 53॥

सोमपो–ऽमृतपस् सोमः पुरुजित् पुरु–सत्तमः ।

विनयो जयस् सत्यसन्धो दाशार्हस् सात्वतां पतिः ॥ 54 ॥

जीवो विनयिता–साक्षी मुकुन्दो–ऽमित–विक्रमः ।

अम्भो–निधिर्–अनन्तात्मा महो–दधि–शयो–ऽन्तकः ॥ 55॥

अजो महार्हस् स्वाभाव्यो जितामित्रः प्रमोदनः ।

आनन्दो नन्दनो नन्दस् सत्य–धर्मा त्रि–विक्रमः ॥ 56 ॥

महर्षिः कपिलाचार्यः कृतज्ञो मेदिनी–पतिः ।

त्रि–पदस् त्रि–दशाध्यक्षो महा–शृङ्गः कृतान्त–कृत् ॥ 57॥

महा–वराहो गोविन्दस् सुषेणः कनकाङ्–गदी ।

गुह्यो गभीरो गहनो गुप्तश् चक्र–गदा–धरः ॥ 58॥

वेधास् स्वाङ्गो–ऽजितः कृष्णो दृढस् सङ्कर्षणो–ऽच्युतः ।

वरुणो वारुणो वृक्षः पुष्कराक्षो महा–मनाः ॥ 59॥

भगवान् भगहा–ऽऽनन्दी वनमाली हलायुधः ।

आदित्यो ज्योतिरादित्यस् सहिष्णुर्–गति–सत्तमः ॥ 60॥

सुधन्वा खण्ड–परशुर्–दारुणो द्रविण–प्रदः ।

दिवःस्पृक् सर्व–दृग्–व्यासो वाचस्पतिर्–अयोनि–जः ॥ 61॥

त्रिसामा सामगस् साम निर्वाणं भेषजं भिषक् ।

सन्न्यास–कृच्छमश् शान्तो निष्ठा शान्तिः परायणम् ॥ 62॥

शुभाङ्गश् शान्तिदस् स्त्रष्टा कुमुदः कुवले–शयः ।

गोहितो गोपतिर्–गोप्ता वृषभाक्षो वृष–प्रियः ॥ 63॥

अनिवर्ती निवृत्तात्मा सङ्क्षेप्ता क्षेम–कृच्छिवः ।

श्रीवत्स–वक्षाः श्रीवासः श्रीपतिः श्रीमतां वरः ॥ 64॥

श्रीदः श्रीशः श्रीनिवासः श्रीनिधिः श्रीविभावनः ।

श्रीधरः श्रीकरः श्रेयः श्रीमाँल्लोक–त्रयाश्रयः ॥ 65॥

स्वक्षस् स्वङ्गश् शतानन्दो नन्दिर्–ज्योतिर्–गणेश्वरः ।

विजितात्मा–ऽविधेयात्मा सत्–कीर्तिश् छिन्न–संशयः ॥ 66॥

उदीर्णस् सर्वतश् चक्षुर्–अनीशश् शाश्वत–स्थिरः ।

भूशयो भूषणो भूतिर्विशोकश्शोकनाशनः ॥ 67॥

अर्चिष्मान् अर्चितः कुम्भो विशुद्धात्मा विशोधनः ।

अनिरुद्धो–ऽप्रतिरथः प्रद्युम्नो–ऽमित–विक्रमः ॥ 68॥

काल–नेमि–निहा वीरश् शौरिश् शूर–जनेश्वरः ।

त्रि–लोक–आत्मा त्रि–लोकेशः केशवः केशिहा हरिः ॥ 69॥

काम–देवः काम–पालः कामी कान्तः कृता–गमः ।

अनिर्–देश्य–वपुर् विष्णुर् वीरो–ऽनन्तो धनञ्जयः ॥ 70 ॥

ब्रह्मण्यो ब्रह्म–कृद्–ब्रह्मा ब्रह्म ब्रह्म–विवर्धनः ।

ब्रह्म–विद् ब्राह्मणो ब्रह्मी ब्रह्मज्ञो ब्राह्मण–प्रियः ॥ 71॥

महा–क्रमो महा–कर्मा महा–तेजा महो–रगः ।

महा–क्रतुर् महा–यज्वा महा–यज्ञो महा–हविः ॥ 72॥

स्तव्यस् स्तव–प्रियस् स्तोत्रं स्तुतिस् स्तोता रण–प्रियः ।

पूर्णः पूरयिता पुण्यः पुण्य–कीर्तिर् अनामयः ॥ 73॥

मनो–जवस् तीर्थ–करो वसु–रेता वसु–प्रदः ।

वसु–प्रदो वासु–देवो वसुर् वसु–मना हविः ॥ 74॥

सद्–गतिस् सत्–कृतिस् सत्ता सद्–भूतिस् सत्–परायणः ।

शूर्–सेनो यदु–श्रेष्ठस् सन्नि–वासस् सुया–मुनः ॥ 75॥

भूता–वासो वासु–देवस् सर्वा–सुनिलयो–ऽनलः ।

दर्पहा दर्पदो दृप्तो दुर्–धरो–ऽथापरा–जितः ॥ 76॥

विश्व–मूर्तिर् महा–मूर्तिर् दीप्त–मूर्तिर् अमूर्ति–मान् ।

अनेक–मूर्तिर् अव्यक्तश् शत–मूर्तिश् शताननः ॥ 77॥

एको नैकस् सवः कः किं यत् तत् पदम्–अनुत्तमम् ।

लोक–बन्धुर् लोक–नाथो माधवो भक्त–वत्सलः ॥ 78 ॥

सुवर्ण–वर्णो हेमाङ्गो वराङ्गश् चन्द–नाङ्गदी ।

वीर–हा विष–मश् शून्यो घृताशीर् अचलश् चलः ॥ 79॥

अमानी मानदो मान्यो लोक–स्वामी त्रि–लोक–धृक् ।

सुमेधा मेधजो धन्यस् सत्य–मेधा धरा–धरः ॥ 80॥

तेजो–वृषो द्युति–धरस् सर्व–शस्त्र–भृतां वरः ।

प्र–ग्रहो नि–ग्रहो व्यग्रो नैक–शृङ्गो गदा–ग्रजः ॥ 81॥

चतुर्–मूर्तिश् चतुर्–बाहुश् चतुर्–व्यूहश् चतुर्–गतिः ।

चतुर्–आत्मा चतुर्–भावश् चतुर्–वेद–विदेक–पात् ॥ 82॥

समावर्तो–ऽनिवृत्त–आत्मा दुर्–जयो दुर्–अति–क्रमः ।

दुर्लभो दुर्गमो दुर्गो दुरा–वासो दुरा–रिहा ॥ 83॥

शुभाङ्गो लोक–सारङ्गस् सुतन्तुस् तन्तु–वर्धनः ।

इन्द्र–कर्मा महा–कर्मा कृत–कर्मा कृत–आगमः ॥ 84॥

उद्धवस् सुन्दरस् सुन्दो रत्न–नाभस् सु–लोचनः ।

अर्को वाज–सनश् शृङ्गी जयन्तस् सर्व–विज्जयी ॥ 85 ॥

सुवर्ण–बिन्दुर् अक्षोभ्यस् सर्व–वागीश्–वरेश्–वरः ।

महा–ह्रदो महा–गर्तो महा–भूतो महा–निधिः ॥ 86 ॥

कुमुदः कुन्दरः कुन्दः पर्जन्यः पावनो–ऽनिलः ।

अमृताशो–ऽमृत–वपुस् सर्वज्ञस् सर्वतो–मुखः ॥ 87 ॥

सु–लभस् सु–व्रतस् सिद्धश् शत्रु–जिच्–छत्रु–तापनः ।

न्यग्रोध उदुम्बरो–ऽश्वत्थश् चाणू–रान्ध्र–निषूदनः ॥ 88 ॥

सहस्रार्–चिस् सप्त–जिह्वस् सप्तैधास् सप्त–वाहनः ।

अमूर्तिर् अनघो–ऽचिन्त्यो भय–कृद् भय–नाशनः ॥ 89 ॥

अणुर् बृहत् कृशस् स्थूलो गुण–भृन् निर्–गुणो महान् ।

अ–धृतस् स्व–धृतस् स्वास्यः प्राग्–वंशो वंश–वर्धनः ॥ 90 ॥

भार–भृत् कथितो योगी योगी–शस् सर्व–काम–दः ।

आश्रमः श्रमणः क्षामस् सु–पर्णो वायु–वाहनः ॥ 91 ॥

धनुर्–धरो धनुर्–वेदो दण्डो दम–यिता दमः ।

अ–परा–जितस् सर्व–सहो नियन्ता–ऽनियमो–ऽयमः ॥ 92 ॥

सत्त्व–वान् सात्त्विकस् सत्यस् सत्य–धर्म–परायणः ।

अभि–प्रायः प्रियार्–होऽर्हः प्रिय–कृत्–प्रीति–वर्धनः ॥ 93 ॥

विहायस–गतिर्–ज्योतिस् सु–रुचिर् हुत–भुग् विभुः ।

रविर् विरोचनस् सूर्यस् सविता रवि–लोचनः ॥ 94॥

अनन्तो हुत–भुग् भोक्ता सुखदो नैक–जो–ऽग्रजः ।

अनिर्–विण्णस् सदा–मर्षी लोका–धिष्ठानम् अद्भुतः ॥ 95॥

सनात् सनातन–तमः कपिलः कपिर् अप्ययः ।

स्वस्ति-दस् स्वस्ति-कृत् स्वस्ति स्वस्ति–भुक् स्वस्ति–दक्षिणः ॥

96॥

अरौद्रः कुण्डली चक्री विक्रम्यूर्–जित–शासनः ।

शब्दा–तिगश् शब्द–सहः शिशि–रश् शर्वरी–करः ॥ 97 ॥

अक्रूरः पेशलो दक्षो दक्षिणः क्षमिणां वरः ।

विद्–वत्–तमो वीत–भयः पुण्य–श्रवण–कीर्तनः ॥ 98 ॥

उत्–तारणो दुष्–कृति–हा पुण्यो दुःस्वप्न–नाशनः ।

वीर–हा रक्ष–णस् सन्तो जीवनः पर्य–वस्थितः ॥ 99॥

अनन्त–रूपो–ऽनन्त–श्रीर् जित–मन्युर् भया–पहः ।

चतुरश्रो गभीर्–आत्मा वि–दिशो व्या–दिशो दिशः ॥ 100॥

अनादिर् भूर्–भुवो लक्ष्मीस् सुवीरो रुचि–राङ्गदः ।

जननो जन–जन्मादिर् भीमो भीम–परा–क्रमः ॥ 101॥

आधार–निलयो–ऽधाता पुष्प–हासः प्रजा–गरः ।

ऊर्ध्व–गस् सत्–पथा–चारः प्राण–दः प्रणवः पणः ॥ 102॥

प्रमाणं प्राण–निलयः प्राण–भृत्–प्राण–जीवनः ।

तत्त्वं तत्त्व–विदेकात्मा जन्म–मृत्यु–जरा–तिगः ॥ 103॥

भूर्–भुवःस्वस्–तरुस् तारस् सविता प्र–पिता–महः ।

यज्ञो यज्ञ–पतिर्–यज्वा यज्ञाङ्गो यज्ञ–वाहनः ॥ 104॥

यज्ञ–भृद् यज्ञ–कृद यज्ञी यज्ञ–भुग् यज्ञ–साधनः ।

यज्ञान्त–कृद् यज्ञ–गुह्यम् अन्नम् अन्नाद एव च ॥ 105 ॥

आत्म–योनिस् स्वयञ्–जातो वैखानस् साम–गायनः ।

देवकी–नन्दनस् स्त्रष्टा क्षितीशः पाप–नाशनः ॥ 106॥

शङ्ख–भृन्–नन्दकी चक्री शार्ङ्ग–धन्वा गदा–धरः ।

रथाङ्ग–पाणिर्–अक्षोभ्यस् सर्व–प्रहरणा–युधः ॥ 107॥

End of 1000 names

सर्वप्रहरणायुध ॐ नम इति । वन–माली गदी शार्ङ्गी शङ्खी चक्री च

नन्दकी । श्रीमान् नारायणो विष्णुर् वासुदेवो–ऽभिरक्षतु ॥ 108॥

Repeat 3 times

श्री वासुदेवोऽभिरक्षतु ॐ नम इति ।

उत्तर–न्यासः , फल–श्रुतिः Fruits of Chanting

भीष्म उवाच

इतीदं कीर्तनी–यस्य केश–वस्य महात्–मनः ।

नाम्नां सहस्त्रं दिव्या–नाम्–अशेषेण प्रकीर्ति–तम् ॥ 1॥

य इदं शृणु–यान्–नित्यं यश्चापि परि–कीर्तयेत् ।

ना–शुभं प्राप्नु–यात् किञ्चित् सो–ऽमुत्रेह च मानवः ॥ 2॥

वेदान्त–गो ब्राह्मणस् स्यात् क्षत्रियो विजयी भवेत् ।

वैश्यो धन–समृद्धस् स्याच् छूद्रस् सुखम् अवाप्नु–यात् ॥ 3॥

धर्मार्थी प्राप्नुयाद् धर्मम् अर्थार्थी चार्थम् आप्नुयात् ।

कामान् अवाप्नुयात् कामी प्रजार्थी चाप्नुयात् प्रजाम् ॥ 4॥

भक्तिमान् यस् सदोत्थाय शुचिस् तद् गत–मानसः ।

सहस्त्रं वासुदेवस्य नाम्–नाम एतत् प्रकीर्तयेत् ॥ 5॥

यशः प्राप्नोति विपुलं याति प्राधान्यम् एव च ।

अचलां श्रियम् आप्नोति श्रेयः प्राप्नोत्य–नुत्तमम् ॥ 6॥

न भयं क्वचिद् आप्नोति वीर्यं तेजश् च विन्दति ।

भवत्य–रोगो द्युतिमान् बल–रूप–गुणान्–वितः ॥ 7॥

रोगार्तो मुच्यते रोगाद् बद्धो मुच्येत बन्धनात् ।

भयान् मुच्येत भीतस् तु मुच्ये–तापन् न आपदः ॥ 8॥

दुर्गाण्यति–तरत्याशु पुरुषः पुरुषोत्तमम् ।

स्तुवन् नाम–सहस्रेण नित्यं भक्ति–समन्वितः ॥ 9॥

वासु–देवाश्रयो मर्त्यो वासुदेव–परायणः ।

सर्व–पाप–विशुद्धात्मा याति ब्रह्म सनातनम् ॥ 10॥

न वासुदेव–भक्तानाम् अशुभं विद्यते क्वचित् ।

जन्म–मृत्यु–जरा–व्याधि–भयं नैवोप–जायते ॥ 11॥

इमं स्तवम् अधीयानः श्रद्धा–भक्ति–समन्वितः ।

युज्येतात्म–सुख–क्षान्ति–श्री–धृति–स्मृति–कीर्ति–भिः ॥ 12 ॥

न क्रोधो न च मात्सर्यं न लोभो नाशुभा मतिः ।

भवन्ति कृत–पुण्यानां भक्तानां पुरुषोत्तमे ॥ 13 ॥

द्यौस् स–चन्द्रार्क–नक्षत्रा खं दिशो भूर्–महो–दधिः ।

वासुदेवस्य वीर्येण विधृतानि महात्मनः ॥ 14 ॥

ससुरा–सुर–गन्धर्वं स–यक्षो–रग–राक्षसम् ।

जगद् वशे वर्ततेदं कृष्णस्य स–चरा–चरम् ॥ 15 ॥

इन्द्रियाणि मनो बुद्धिस् सत्त्वं तेजो बलं धृतिः ।

वासुदेवात्मकान्याहुः क्षेत्रं क्षेत्रज्ञ एव च ॥ 16 ॥

सर्वा–गमानाम् आचारः प्रथमं परि–कल्पते ।

आचार–प्रभवो धर्मो धर्मस्य प्रभुर् अच्युतः ॥ 17 ॥

ऋषयः पितरो देवा महा–भूतानि धातवः ।

जङ्गमाजङ्गमं चेदं जगन् नारायणोद्‌भवम् ॥ 18 ॥

योगो ज्ञानं तथा साङ्ख्यं विद्याश् शिल्पादि कर्म च ।

वेदाश् शास्त्राणि विज्ञानम् एतत् सर्वं जनार्दनात् ॥ 19 ॥

एको विष्णुर् महद् भूतं पृथग् भतान्यनेकशः ।

त्रीँल्लोकान् व्याप्य भूतात्मा भुङ्क्ते विश्व–भुग् अव्ययः ॥ 20 ॥

इमं स्तवं भगवतो विष्णोर् व्यासेन कीर्तितम् ।

पठेद् य इच्छेत् पुरुषः श्रेयः प्राप्तुं सुखानि च ॥ 21 ॥

विश्वेश्वरम् अजं देवं जगतः प्रभुम् अव्ययम् ।

भजन्ति ये पुष्कराक्षं न ते यान्ति परा–भवम् ॥ 22 ॥

न ते यान्ति पराभवम् ॐ नम इति ।

अर्जुन उवाच

पद्म–पत्र–विशालाक्ष पद्म–नाभ सुरोत्तम ।

भक्तानाम् अनुरक्तानां त्राता भव जनार्दन ॥ 23 ॥

श्री भगवान् उवाच

यो मां नाम–सहस्रेण स्तोतुम् इच्छति पाण्डव ।

सोऽहम् एकेन श्लोकेन स्तुत एव न संशयः ॥ 24 ॥

स्तुत एव न संशय ॐ नम इति ।

व्यास उवाच

वासनाद् वासुदेवस्य वासितं भुवन–त्रयम् ।

सर्वभूत–निवासोऽसि वासुदेव नमोऽस्तु ते ॥ 25 ॥

श्री वासुदेव नमोऽस्तुत ॐ नम इति ।

पार्वत्युवाच

केनोपायेन लघुना विष्णोर् नाम–सहस्र–कम् ।

पठ्यते पण्डितैर् नित्यं श्रोतुम् इच्छाम्यहं प्रभो ॥ 26 ॥

ईश्वर उवाच

श्रीराम राम रामेति रमे रामे मनोरमे ।

सहस्र–नाम तत् तुल्यं राम नाम वरानने ॥ 27 ॥ repeat 3 times

श्रीरामनाम वरानन ॐ नम इति ।

ब्रह्मोवाच

नमो–ऽस्त्व–नन्ताय सहस्र–मूर्तये सहस्र–पादाक्षि–शिरोरु–बाहवे ।

सहस्र–नाम्ने पुरुषाय शाश्वते सहस्र–कोटि–युग–धारिणे नमः ॥ 28 ॥

सहस्रकोटियुगधारिण ॐ नम इति ।

सञ्जय उवाच

यत्र योगेश्वरः कृष्णो यत्र पार्थो धनुर्धरः ।

तत्र श्रीर् विजयो भूतिर् ध्रुवा नीतिर् मतिर् मम ॥ 29॥

श्री भगवान् उवाच

अनन्याश् चिन्तयन्तो मां ये जनाः पर्युपासते ।

तेषां नित्याभि–युक्तानां योग–क्षेमं वहाम्यहम् ॥ 30 ॥

परित्राणाय साधूनां विनाशाय च दुष्कृताम् ।

धर्म–संस्था–पनार्थाय सम्भ–वामि युगे युगे ॥ 31 ॥

आर्ताः विषण्णाः शिथिलाश्च भीताः घोरेषु च व्याधिषु वर्तमानाः ।

सङ्कीर्त्य नारायण–शब्द–मात्रं विमुक्त–दुःखाः सुखिनो भवन्तु ॥ 32 ॥

भक्त उवाच

कायेन वाचा मनसेन्द्रियैर्वा बुद्ध्यात्मना वा प्रकृतेः स्वभावात् ।

करोमि यद्‌ यत् सकलं परस्मै नारायणायेति समर्पयामि ॥ 33 ॥

इति महाभारते अनुशासनपर्वणि भीष्मयुधिष्ठिरसंवादे श्रीविष्णोर्दिव्य-सहस्रनामस्तोत्रं सम्पूर्णम् ॥

॥ ॐ तत् सत् ॥

Ending Prayer

गुरुर् ब्रह्मा गुरुर् विष्णुः गुरुर् देवो महेश्वरः ।

गुरुस् साक्षात् परब्रह्म तस्मै श्रीगुरवे नमः ॥

श्री गुरुभ्यो नमः हरिः ॐ ।

श्री कृष्णार्पणमस्तु ॥

Epilogue

One may ask – Why to chant the Sahasranama? Studies confirm that chanting improves one's concentration and commitment, and quickly heals illness and related agony.

सर्वे भवन्तु सुखिनः । सर्वे सन्तु निरामयाः । सर्वे भद्राणि पश्यन्तु । मा कश्चिद् दुःख भाग् भवेत् ॥ ॐ शान्तिः शान्तिः शान्तिः ॥

When faith has blossomed in life, Every step is led by the Divine.

Sri Sri Ravi Shankar

Om Namah Shivaya

जय गुरुदेव

9 789392 201691

Printed at Repro India Ltd.